Studieren im Quadrat

Michael Bloss

Studieren im Quadrat

Mein Praktikum

Bewerben, einsteigen, aufsteigen

2., erweiterte Auflage

UVK Verlagsgesellschaft mbH · Konstanz und München

Michael Bloss ist Direktor der Commerzbank AG und des Europäischen Instituts für Financial Engineering und Derivateforschung (EIFD). Er lehrt und forscht im Themenbereich Financial Engineering an der Hochschule für Wirtschaft und Umwelt, Nürtingen-Geislingen, und an der Vancouver Island University (VIU), B.C. Canada. michael.bloss@eifd.de

Dieses Buch erschien bisher bei utb.

Bibliografische Information der Deutschen Bibliothek
Die Deutsche Bibliothek verzeichnet diese Publikation in der Deutschen Nationalbibliografie; detaillierte bibliografische Daten sind im Internet über <http://dnb.ddb.de> abrufbar.

ISBN 978-3-86764-700-7 (Print)
ISBN 978-3-7398-0094-3 (E-PUB)
ISBN 978-3-7398-0095-0 (E-PDF)

© UVK Verlagsgesellschaft mbH, Konstanz und München 2016

Umschlaggestaltung: Susanne Engstle und Susanne Fuellhaas

UVK Verlagsgesellschaft mbH
Schützenstr. 24 · 78462 Konstanz
Tel. 07531/9053-0 · Fax 07531/9053-98
www.uvk.de

Vorwort

Praktikanten sind heute nicht mehr wegzudenken und zeigen oftmals neue Wege innerhalb eines Unternehmens auf. Durch ihre unkonventionelle und unverkrampfte Art gehen diese an Fragestellungen mit alternativen Lösungsvorschlägen heran bzw. entwickeln diese. Im Gegenzug dazu können Unternehmen Praktikanten zielgerichtet fördern und fordern. Das Praktikum wird dadurch zum Sprungbrett für die kommende Karriere und ebnet einen Weg in die persönliche Zukunft.

Plus est en vous – in Euch steckt mehr!

Dieses Motto will ich dieser zweiten Auflage vorausschicken. Es ist ein Lebensmotto wie auch Ausdruck meiner Begeisterung für die aktuelle Praktikantengeneration zugleich.

Es freut mich, schon nach so kurzer Zeit dieses kleine Büchlein in einer zweiten leicht erweiterten, doch im Kern gleichbelassenen Ausführung wieder in die Hände der Leserschaft zu legen. Der Erfolg der ersten Auflage hat uns gezeigt, wie immanent das Thema der Praktika im Lebensalltag vieler Studierenden ist und wie schwer sich viele damit tun. Ich hoffe, mit diesem Werk ein wenig der Last zu nehmen und eine Richtschnur zum und durch das Praktikum zu geben.

Allen Lesern, jedoch besonders den Studierenden und angehenden Praktikanten möchte ich an dieser Stelle noch einen kurzen persönlichen Rat mit auf den Weg geben: *„Traut Euch, denn in Euch steckt mehr!"*.

Michael Bloss

Stuttgart, im Sommer 2016

Hinweis zum Buch

Folgende Figuren leiten durch das Buch und geben interessante und wichtige Tipps:

▶ Praktikant Lukas (genannt Luki),

▶ Ann-Kathrin, die bereits Erfahrungen mit Praktika gesammelt hat,

▶ Lukis Arbeitskollegin und Betreuerin im Unternehmen, Frau Hildebrand, sowie

▶ der Autor

Praktikant Luki   Ann-Kathrin   Frau Hildebrand   der Autor

Inhalt

Prolog

Die Generation Praktikum

So neu, wie viele Praktikanten denken, ist der Gedanke, im Vorfeld einer gewissen Tätigkeit erst einmal praktische Erfahrung zu sammeln, gar nicht. Bereits im 17. Jahrhundert wurde dies teilweise praktiziert und ist in historischen Schriften überliefert. Richtig populär ist es gleichwohl erst Ende des 20. Jahrhunderts geworden, als man in der Hochschulausbildung (auch im Zuge der Neufassungen der Hochschulrahmengesetze und der Landeshochschulgesetze) dazu übergegangen ist, die praktischen Lerninhalte stärker in den Mittelpunkt zu rücken. Die Gründe hierfür sind vielschichtig, können jedoch allesamt damit umschrieben werden, dass man erkannt hat, dass ein theoretisch gut ausgebildeter Absolvent einer Hochschule oder Universität seine Schwierigkeiten hat, im Berufsleben Fuß zu fassen. Dies wollte man mit der Einführung von Praktika und dem offenen Aufzeigen der praktischen Umsetzung des Gelernten umgehen bzw. diesen Missstand beseitigen.

Ein weiterer Grund liegt selbstverständlich auch in den komplett anders aufgestellten Bildungs- und Berufssystemen und in deren Hintergründen. Pflichtpraktika sind heute ebenso gang und gäbe wie das tiefe Bewusstsein, dass durch ein Praktikum wichtiges Wissen aufgenommen wird. Aufgrund dieser Entwicklung ergab sich für viele Studierende nach dem Eintritt in die Wirtschaft nun keine Art „Kulturschock" mehr. Und auch für die Unternehmen, welche sich teilweise über eine zunehmende Vergeistigung der Lehre beschwert hatten, ergaben sich mit der Einführung von Praktika neue Möglichkeiten. Diese ermöglichen nun, Unternehmen schneller und effektiver mit neuen Mitarbeitern in Kontakt zu bringen und verkürzt die Eingewöhnungsphase im Unternehmen. Durch diese Gegebenheiten wurde der Nährboden für die **Generation Praktikum** gelegt. Eine Generation, welche auch für andere Attribute steht. Hauptsächlich sind hier das Warten auf den konkreten Jobeinstieg und das Arbeiten als preiswerte Arbeitskräfte zu nennen.

Dieser Umstand begleitet diese jungen Menschen und zeigt auch die negativen Seiten des Praktikantenlebens auf. Dies ist auch einer der Umstände, warum ich immer wieder von der Generation der Zweifelnden spreche. Gerade in den vergangenen Jahren ist dies sehr auffällig, dass junge Menschen immer stärkere Zweifel haben. Diese sind sehr vielschichtig angelegt, sowohl im persönlichen, privaten Umfeld als auch in deren geschäftlichem Umfeld. Dies mag zum einen mit einer stärker relativistisch geprägten Gesamtstimmung, in der alles und jeder hinterfragt wird, zusammenhängen. Diese Stimmung kann oftmals auch von der schwierigen Einstiegssituation in das Berufsleben (über Praktika etc.) geprägt sein. Daher ist es wichtig, hier die Ängste und die Fragen über die eigene Unzulänglichkeit frühzeitig zu zerstreuen, da sonst aus der **Generation Praktikum** sehr schnell die **Generation der Zweifelnden** wird.

Warum das Praktikum so wichtig ist

Durch die Umstellung auf eine stärkere praktische Einbeziehung von Lehrinhalten vermittelte sich schnell das Gefühl, dass ab der Mitte der 1990er Jahre fast jeder junge Mensch nur noch in Praktika denkt (vgl. GLAUBITZ). Nicht selten war und ist zu hören, dass man sich von einem Praktikum zum nächsten hangelt. Oft wird auch behauptet, dass Praktikanten als billige Arbeitskräfte genutzt werden. Dieser Umstand kennzeichnet seit vielen Jahren die Praktika. Dennoch geht es mir viel mehr darum festzustellen, dass seit dieser Zeit die praktische Einbindung von Studierenden in die Unternehmen und von Pflichtpraktika im Hochschulalltag zu beobachten ist. Diesem Umstand ist es auch zu verdanken, dass die Studierenden heute nach dem Abschluss des Studiums nicht mehr völlig unvorbereitet auf die Unternehmen zugehen, sondern oft schon sehr konkrete Vorstellungen und Erfahrungen im jeweiligen Bereich gesammelt haben. Die Praktikanten erfahren, wie man prozessorientiert denkt und das in der Theorie Erlernte in der Praxis umsetzt. Wie Zahnräder, welche ineinandergreifen, haben wir hier einen Verzahnungseffekt, welcher für beide Seiten nicht zu unterschätzen ist. Des Weiteren sind verschiedene erweiterte Handlungskompetenzen zu benennen, welche wichtig für das Weiterkommen sind. Neben der klassischen Fachkompetenz sind die Methodenkompetenzen wie logisches Denken, Entscheidungsfähigkeit und Selbstständigkeit und das große Feld der Human- und Sachkompetenz, welches auch die Felder der Kommunikation, Kooperationsfähigkeit und Einsatzbereitschaft mit einschließt, zu nennen (vgl. VOSS).

Wo steckt für den Praktikanten der Nutzen?

Ganz klar, die große Nutzenargumentation für die Praktikanten ist dadurch gegeben, dass diese einen tiefen Einblick in das Tagesgeschäft und in die wirklichen, nicht nur theoretisch dargestellten Tätigkeiten ihrer Praktikantenstelle erhalten. Ziel des Praktikums soll es sein, dass der Praktikant erfährt, welche Tätigkeitsfelder ihn bei einem Direkteinstieg oder einer Traineeausbildung im jeweiligen Beruf erwarten, welche Aufgaben genau auf ihn zukommen und vor allem wie im Tagesgeschäft damit umgegangen wird. Er soll die fachspezifischen Details erlernen und verstehen, welche theoretischen Grundlagen er für die praktische Anwendung benötigt. Des Weiteren soll der Praktikant auch lernen, wie man in diesem Geschäftsfeld miteinander und z.B. mit Klienten um-

Fachwissen	Methodenwissen
Praxiserfahrung	Persönliche Weiterentwicklung

geht. Gerade diese Soft Skills sind oft an Hochschulen nur schwer zu vermitteln. Selbstverständlich kann man in Rollenübungen etc. hier Vorbildung schaffen, jedoch ist dies nicht damit zu vergleichen, was in der Praxis jederzeit von einem erwartet wird. Gerade das Führen von Gesprächen, das aktive Anwenden von Kommunikation, das Aufbauen von Nutzenargumentationen etc. sind hier zu nennen. Neben den klassischen sozialen Kompetenzfeldern sind auch die Führungsnaturen (vorgelebt von Vorgesetzten und Kollegen) hier von großer Bedeutung. Denn durch deren Vorleben kann ein Praktikant sehr viel lernen und sich abschauen. Des Weiteren kann er auch erkennen, was er nicht haben möchte. Das Praktikum ist eine hervorragende Gelegenheit, um hier Erfahrungen und Eindrücke zu sammeln.

Durch aktives Beobachten kann der Praktikant die jeweiligen Führungskompetenzen der Mitarbeiter beobachten und daraus Rückschlüsse für sich ziehen. Er wird dabei klassische Unterschiede zum Hochschulalltag feststellen. Ist eine Hochschule i.d.R. **kollegial** geführt, so ist dies in privaten Unternehmen oftmals anders. Hier herrscht i.d.R. ein **hierarchischer** Führungsstil. Auch ist das Einbringen von Ideen, nicht wie bei Hochschulen üblich, an eine direkte und an die Machbarkeit geknüpfte Umsetzung gekoppelt, sondern hängt nicht selten von hohen politischen Interessen ab. Dieser Umstand ermöglicht es jedoch, aktiv die Unterschiede zu erkennen und daraus für sich selbst einen Weg abzuleiten, welchen man als den Richtigen empfindet. Eine solche Erfahrung trägt stark zur Reifung des eigenen Werteempfindens und der eigenen Wertestruktur bei und nicht selten erkennt der Praktikant dabei, in welche Richtung seine eigene Vorstellung von „gelebter Führung und einem gelebten Miteinander" geht. Zudem wird der Praktikant auch schnell erkennen, dass er Mut haben muss. Mit Mut meine ich, neue Wege zu gehen, nicht aus dem Fenster zu springen und zu schauen, ob ich unbeschadet unten ankomme. Denn das wäre Übermut und der „tut [wie uns der Volksmund lehrt] selten gut." Mut jedoch ist es, was Antrieb verspricht und, was vor allem Kompetenz aufbaut.

In einer nicht repräsentativen Umfrage von mir unter Praktikanten und Studierenden gab ein Großteil an, dass der Hauptnutzen in der Verbindung von Theorie und Praxis sowie im Umgang untereinander liegt. Endlich das anwenden zu können, was man theoretisch erlernt hat, steht an erster Stelle. Gefolgt von Soft Skills und dem aktiven Aufbau eines Netzwerkes.

Wo steckt für das Unternehmen der Sinn, Praktikanten zu beschäftigen?

Das Unternehmen profitiert durch verschiedene Aspekte. Vielen fällt selbstverständlich das Schlagwort von der preiswerten Arbeitskraft ein. Dieser Aspekt ist auch nicht unbedeutend. Wurden gerade in den letzten fünf Jahren, vor allem in kostenintensiven Bereichen wie dem Investmentbanking, viele klassische Stellen mit Praktikanten aufgefüllt und besetzt. Dies ist ökonomisch für das Unternehmen von Bedeutung und ist heute zur gängigen Praxis geworden. Ich möchte an dieser Stelle jedoch einen weitergehenden Blick auf die Beziehung zwischen Unternehmen und Praktikant werfen. Denn das Unternehmen profitiert durch die Praktikanten in vielschichtiger Hinsicht. Zum einen ist der **Know-how-Transfer**, welcher durch die universitäre Lehre in das Unternehmen eingebracht wird, von großer Bedeutung. Denn diese ist auf der Höhe der Zeit und somit als **State of the Art** zu bezeichnen.

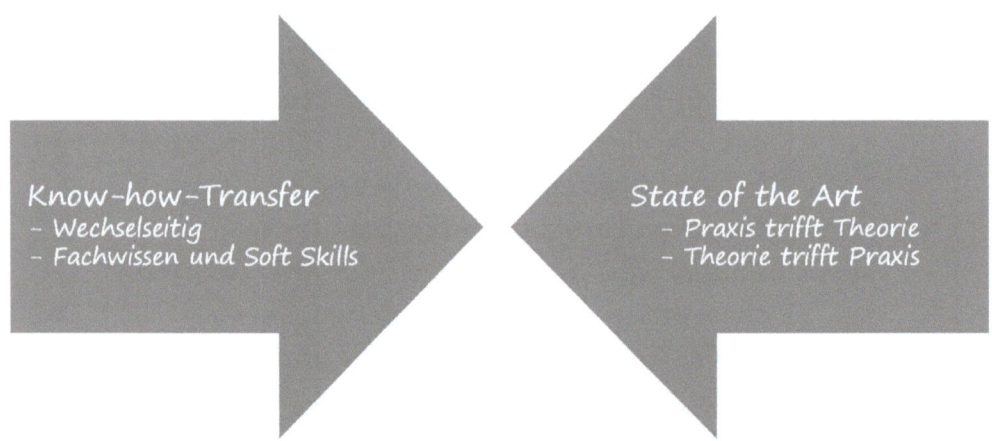

Zum anderen, und dies zähle ich zu den wichtigsten Punkten, bekommt das Unternehmen einen neuen Meinungsgeber in seine Reihen.

▶ Praktikanten betrachten viele Projekte mit anderen Augen.

▶ Sie kennen oft die Hintergründe und politischen Verwurzelungen nicht.

▶ Durch den unversperrten und freien Blick können reichhaltige Impulse gesetzt werden, welche sonst nicht erkannt werden würden.

▶ Die Praktikanten erneuern somit das Unternehmen im Geist und in der Ideenfindung.

▶ Sie öffnen den möglichen „Tunnelblick" für Neues und oft auch für unorthodoxe Ideen.

▶ Oft gehen sie unverkrampft auf die Themen zu, welche jahrelange Mitarbeiter, durch deren Sozialisierung im Unternehmen, so nicht überdenken würden.

Eine der Voraussetzungen hierfür ist jedoch, dass der Praktikant in solche Themeninhalte einbezogen wird und auch nach seiner eigenen Meinung gefragt wird.

Weiterhin gibt es natürlich auch betriebswirtschaftliche Vorteile für die Unternehmen.

▶ Ein Praktikantengehalt ist deutlich geringer als das eines festangestellten Mitarbeiters.

▶ Die Praktikantenverträge sind zeitlich befristet.

▶ Die Leistungsbereitschaft ist i.d.R. hoch, da der Praktikant ggf. nach dem Praktikum in ein Angestelltenverhältnis übernommen werden möchte. Daher ist die Leistungskurve oftmals steiler und die Belastbarkeit höher (die Komfortzone ist nicht vorhanden).

Durch diese Faktoren sind Praktikanten für das Unternehmen eine sehr gute Alternative, denn die Vorteile für die Unternehmen überwiegen.

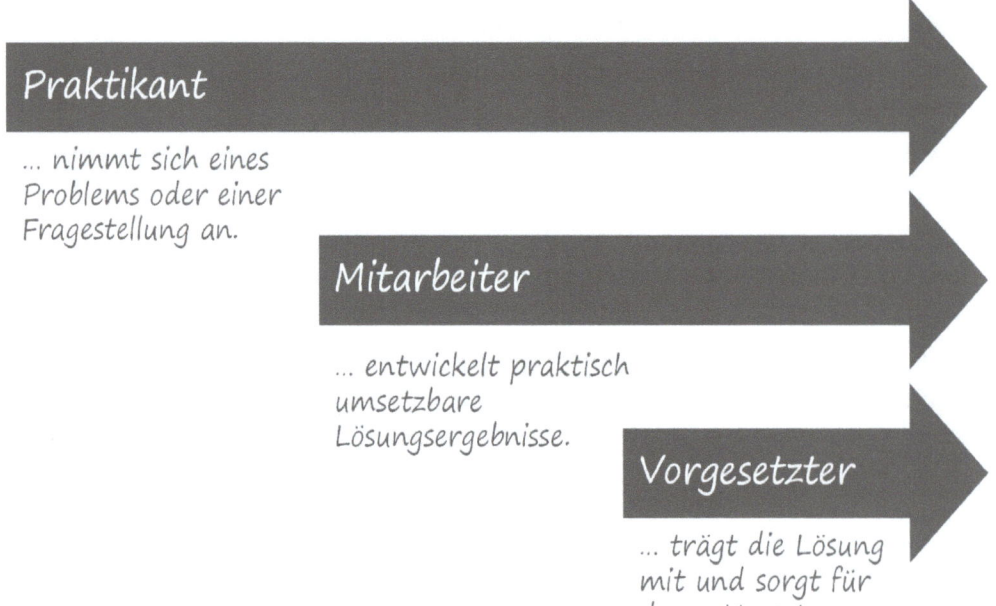

Wie können die Ideen eines Praktikanten umgesetzt werden?

Am Kopierer und beim Kaffeekochen können die Ideen nicht zielgerichtet ausgedacht werden. Hier muss das Unternehmen eine andere Plattform für den Praktikanten stellen. Der Mut des Unternehmens, einen Praktikanten zu fördern und zu fordern, wird sich dann bezahlt machen. Denn wer sich wohlfühlt und gefordert wird, der entwickelt auch Ideen. Als Praktikant muss man dies gegebenenfalls auch einmal einfordern. Dies kann auf direkte als auch auf indirekte Art geschehen. Oftmals reicht das deutliche Interesse aus, um gefördert zu werden. Das Fragenstellen ist hier der Schlüssel, denn um das Praktikum als Sprungbrett zu nutzten, muss man frühzeitig einen Wegplan aufstellen.

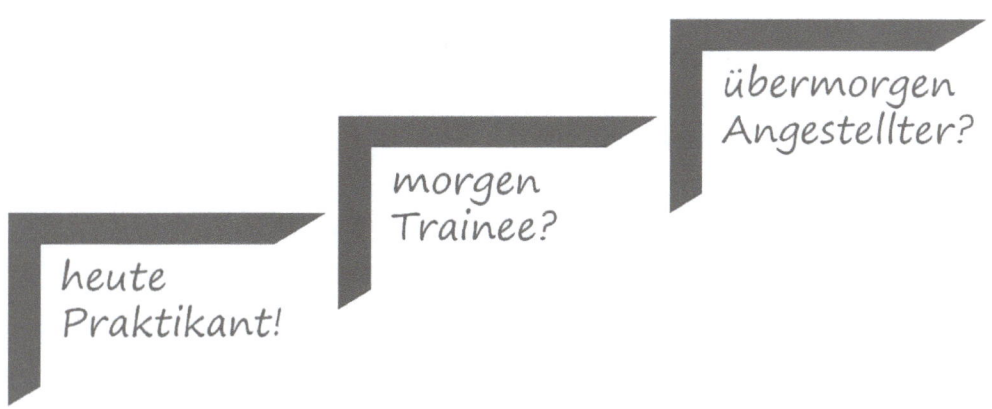

In einer nicht repräsentativen Umfrage von mir unter Praktikanten und Studierenden gab ein Großteil an, das Praktikum als Sprungbrett für eine Anstellung als Trainee genutzt zu haben. Dabei spielt das Image des Arbeitgebers eine große Rolle. Es wurde jedoch auch angegeben, dass seit der Zeit der Finanzkrise es schwieriger sei, bei großen international renommierten Unternehmen eine Traineestelle nach dem Praktikum zu bekommen. Die Unternehmen stellen immer höhere Ansprüche an die Kandidaten und der Auswahlprozess für die Praktikantenstellen wurde komplexer. So sind heute neben Telefon- und persönlichen Interviewterminen, Vorstellungsgesprächen oftmals Assessment-Center oder Ähnliches in abgeschwächter Form eingeführt worden. Als Grund hierfür gaben die Befragten die hohe Anzahl an gut aus-

gebildeten Bewerbern für eine Praktikumsstelle und die komplexeren
Themenbereiche des Praktikums an.
Oftmals werden Stellen mit Praktikanten besetzt, die vorher mit festangestellten Mitarbeitern besetzt
waren.

Vorkenntnisse aus der Theorie

Was bringt der Praktikant an Vorkenntnissen aus der Hochschule mit?

Welche Theorien hat er sich bereits angelesen oder im Selbststudium erfahren?

Vorkenntnisse aus der Praxis

Welche Vorkenntnisse hat der Praktikant aus bereits absolvierten Praktika oder Praxiseinsätzen?

Hat er einen ähnlich gelagerten Fall schon einmal gesehen?

Konkrete Hilfeleistung

Welche konkrete Hilfe benötigt der Praktikant, um sein Ziel zu erreichen?

Welche Fragen muss der Praktikant stellen?

Was benötigt er noch, um erfolgreich zu sein?

Welche gegenseitigen Vorteile sind für ein Praktikum zu definieren?

Ökonomen sprechen oft von Werttreibern, wenn sie über den Nutzen von etwas berichten. Bei Praktika kann man die Werttreiber nicht im ökonomischen Sinn ansetzen. Die wahren „**Geschenke**" an einen Praktikanten sind eher im sozialen und kulturellen Bereich zu finden. Die gegenseitige „**Befruchtung**" ist oft in einem Gespräch über aktuelle Fragestellungen zu finden. Bezieht das Unternehmen einen Praktikanten in diese aktiv mit ein und lässt diesen, gegebenenfalls auch unter Einbeziehung eines ganzen Teams von Praktikanten, eigenverantwortlich Teile bearbeiten, wird eine hohe Effizienz zu erkennen sein. Denn die unterschiedliche Herangehensweise von Praktikanten und Praktikern kann hier in Kombination zu ganz neuen Ergebnissen und Zielen führen. Dabei ist jedoch zu beachten, dass die jeweilige Vorbildung des Praktikanten (Bachelor- oder Master-Student), Erfahrungen durch Vorpraktika, Auslandsaufenthalte etc. hier eine maßgebliche Rolle spielen. Diese müssen im Vorfeld abgeklärt sein, da sonst auch ein böses Erwachen durchaus realistisch ist. Außerdem ist es unumgänglich, den Praktikanten einen verantwortlichen Ausbilder zur Seite zur Stellen, welcher sowohl die fachliche Ausbildung, die einen großen Teil des Praktikums beinhalten sollte, als auch die Persönlichkeitsentwicklung begleiten sollte. Dieser Mentor ist es, welcher maßgeblich zur Entwicklung des Praktikanten beiträgt.

Bei der Auswahl dieses Supervisors (Ausbildungsbeauftragter) sollte das Unternehmen ferner darauf achten, dass es sich um eine Person handelt, welche Kompetenzen in der Lehre wie auch im Umgang mit jungen Menschen aufweist. Denn davon ist mit einer großen Wahrscheinlichkeit der Erfolg eines Praktikantenprogramms abhängig. Nicht jeder gute Mitarbeiter ist auch ein guter Supervisor für Praktikanten. Es gehört mehr als Fachwissen dazu. Der Supervisor muss sich in den Praktikanten hineindenken können. Dies stellt viele vor große Herausforderungen. Praktikanten bemerken sehr schnell, ob ihr Supervisor auf sie eingeht oder sie sich eher an jemand anderes aus dem Unternehmen halten müssen.

In einer nicht repräsentativen Umfrage von mir unter Praktikanten und Studierenden gab ein Großteil an, dass der ausgewählte Supervisor maßgeblich für den positiven Praktikumsnutzen verantwortlich war, da er direkt und indirekt das Praktikum steuern kann. Auch wurde angegeben, dass viele Motivationsimpulse direkt vom Supervisor an die Praktikanten gegeben werden und dass dieser somit maßgeblich für das Gelingen von Projekten und auch für das Bilden eines eigenen Selbstverständnisses zuständig ist.

Eigenschaften eines Supervisors

Bei den Eigenschaften eines Supervisors sind neben der tiefen fachlichen Eignung für das jeweilige Themengebiet auch eine Vielzahl von „weichen" Faktoren von großer Bedeutung:

▶ Neutralität im Streitfall,
▶ Motivierung der Praktikanten (von außen und Bildung einer intrinsischen Motivation),
▶ Fairness gegenüber allen Beteiligten,
▶ Entscheidungsfreudigkeit,
▶ Freiheiten gewähren,
▶ wachsames Auge haben, aber nicht gleich einschreiten,
▶ Moderator und Modulator in der Gruppe sein und die Praktikanten gut in das restliche Team integrieren.

Als Supervisor ist man eine ganz spezielle Führungskraft, denn es werden spezielle Anforderungen an einen gestellt. Man muss Hirte der Herde und gleichzeitig deren Leitwolf sein. Dabei ist es wichtig, dass man sich auf jeden Praktikanten und deren Hintergrund einstellt. Dies macht es komplexer als bei Festangestellten, die meist über einen längeren Zeitraum einheitlich sozialisiert wurden.

Die sechs Phasen eines Praktikums

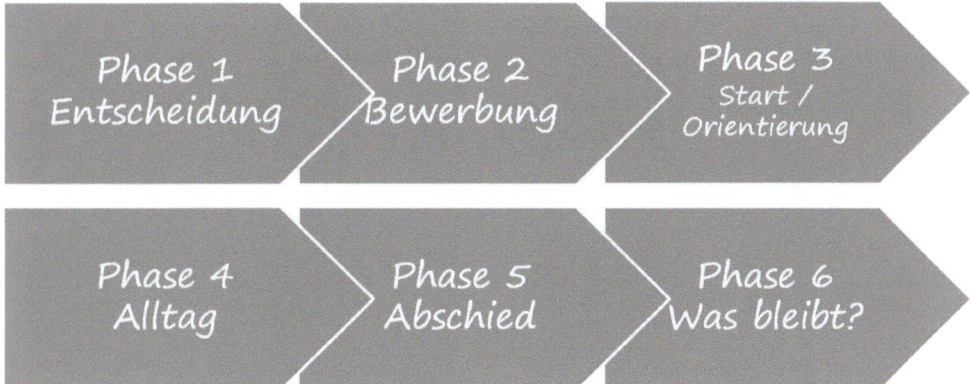

Gliedert man den Weg in und durch das Praktikum, kann man auf das folgende 6-Phasen-Modell zurückgreifen. Jede Phase für sich steht für einen neuen Abschnitt, der nicht übersprungen werden kann. Es sind in jeder Phase Herausforderungen und Stolpersteine zu meistern, die einen Praktikanten reifen und ihn nach erfolgreicher Absolvierung die nächste Stufe erreichen lassen. Dabei kann in der Regel sowohl eine fachliche wie auch eine menschliche Entwicklung beobachtet werden.

Die Entscheidungsphase

Was will ich eigentlich?

Die Frage, was will ich eigentlich, sollte sich jeder Praktikant nicht nur einmal, sondern über einen längeren Zeitraum und immer wieder stellen, denn sie ist volatil und verändert sich, nicht selten getragen durch Außeneinflüsse (wie Familie, Freunde, Mode etc.), recht schnell. Daher sollte man gut und umfangreich abwägen, in welchem Bereich, in welcher Firma und in welcher Ausprägung man gerne ein Praktikum machen will. Hilfreich in dieser Phase der Überlegung (hier sollte man sich als angehender Praktikant viel Zeit nehmen und nicht oberflächlich sein) sind viele Gespräche.

Gesprächsinhalte

Die Inhalte der Gespräche sollten neben den emotionalen Themen, wie einem das Praktikum gefallen wird bzw. was man aufgrund der eigenen Präferenzen anstrebt, vor allem nachfolgende Punkte sein:

1. Welche Strategie verfolge ich mit meinem Praktikum?

2. Was ist mein (derzeitiges) Lebensziel?

3. Mit welchem Konzept gehe ich an dieses Ziel heran?

4. Welchen Sinn möchte ich damit
   bezwecken?

5. Welche Informationen benötige
   ich noch, um eine gute Entscheidung zu treffen?

Dabei kann man sowohl mit Praktikern aus den jeweiligen Firmen als auch mit den Lehrenden an den Hochschulen und Universitäten das Gespräch suchen. Das wahrscheinlich sinnbringendste Gespräch ist das mit Kommilitonen, die den Weg eines Praktikums bereits gegangen sind. Denn diese können aus der Praxis erzählen. Sie werden i.d.R. ein klares nicht von Marketingaspekten angehauchtes Bild abgeben. Der Bericht eines „Betroffenen" ist oft das ehrlichste Bild. In diesen Gesprächen sind vor allem Nachfragen zu organisatorischen Dingen, Arbeitstätigkeiten, Arbeitszeiten, den Umgang untereinander wichtig. Gerade auch die Soft Skills sollten hier nicht zu kurz kommen. Man sollte sich im Praktikum ja wohlfühlen, daher ist es wichtig, dass man auch hierzu gezielt Fragen stellt. Unternehmen, welche die Praktikanten fördern und aktiv einbinden, sollten immer vor den anderen bevorzugt werden.

Eines oder mehrere Praktika?

Eine weitere nicht unwichtige Frage ist die, ob man ein oder mehrere Praktika machen möchte. Ist man unentschlossen, in welchem Bereich man nach dem Studium arbeiten möchte, sind mehrere Praktika durchaus eine gute Wahl. Hierbei ist jedoch darauf zu achten, dass die jeweilige Praktikumszeitdauer nicht zu gering sein sollte. Aus der eigenen Erfahrung kann ich berichten, dass ein Prakti-

mehrere Praktika
möglichst viel sehen

fokussierte Praktika
möglichst tief einsteigen

kum unter drei Monaten keinen großen Sinn macht. Zum einen liegt dies an der Tatsache, dass man sich gerade akklimatisiert hat, dass es dann schon wieder vorbei ist und zum anderen ist man gerade nach ein paar Wochen soweit eingearbeitet, dass man eigenverantwortlich handeln kann, dann aber soll es schon wieder vorüber sein? Daher rate ich dazu, ein mindestens dreimonatiges, besser jedoch sechsmonatiges Praktikum zu absolvieren. Dies entspricht einem Semester und erscheint ein guter Zeitraum, um sich Wissen anzueignen und sich auch in ein Team zu integrieren. Des Weiteren ist die Chance, dass in einem längeren Zeitraum auch unterschiedliche Geschäftsvorfälle an einen herangetragen werden und man einfach mehr sehen und lernen kann, gegeben. Gerade in saisonalen Geschäftsfeldern kann dies von großer Bedeutung sein. Auch ist die Akzeptanz des Praktikanten durch die Mitarbeiter höher, je länger dieser in der Abteilung ist und sich in das Team integriert.

In einer nicht repräsentativen Umfrage von mir unter Praktikanten und Studierenden gab ein Großteil an, mehr als ein Praktikum gemacht zu haben. Der Hauptbeweggrund lag dabei in der Tatsache, mehr sehen zu wollen, bis man sich für eine Tätigkeit entscheiden muss. Des Weiteren gaben die Befragten an, dass die Praktika unterschiedlich ausgefallen sind und man durch diese Erfahrungen einen guten Einblick in verschiedene Handlungsabläufe und Unternehmen bekommen hat. Auch die Aufnahme in den Unternehmen sei sehr unterschiedlich gewesen, von sehr kollegial bis sehr hierarchisch. Die Befragten gaben ferner an, dass dies mit der Altersstruktur der Teams in Korrelation stehe. Ableitend davon ist zu erkennen, dass Teams, die jünger strukturiert sind, einen kollegialeren Stil pflegen.

Welches Ziel verfolge ich?

Was ist mir im Praktikum wichtig, ist eine Frage, die man sich vor dem Praktikum stellen sollte. Was für Geschäftsvorfälle und Geschäftsbereiche möchte ich sehen? Welche Situationen möchte ich erleben? Möchte ich lieber in einen Konzern oder in ein mittelständisches Unternehmen? Ist mir eine soziale Ausrichtung wichtig oder geht es mir vor allem um den fachlichen Part? Ist das Unternehmen, in dem ich ein Praktikum machen will, auf meiner Wunschliste für einen möglichen zukünftigen Arbeitgeber?

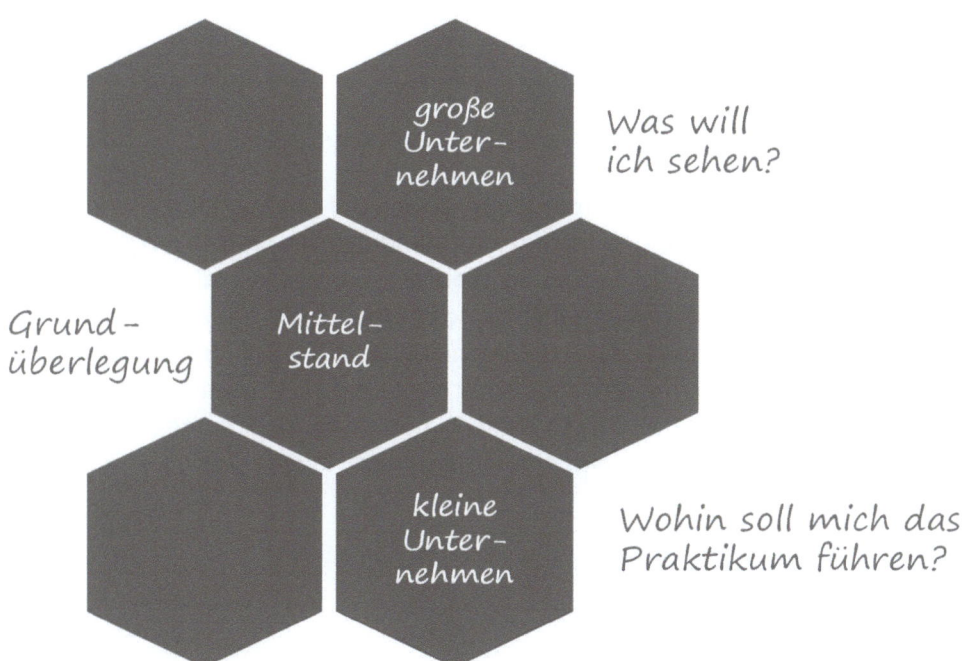

Des Weiteren sollte man aktiv auf die eigenen Bedürfnisse eingehen. Hier eignet sich die Erstellung einer schriftlichen Liste mit Dingen, die man im Praktikum erleben möchte. Eine solche bringt einen strukturiert in einen Auswahlprozess und man kann anhand dieser abwägen, was für einen gut und weniger empfehlenswert ist. Es ist ferner anzuraten, diese Liste mit einer Prioritätenklassifikation auszustatten. Von Kategorie 1 **unbedingt notwendig** bis Kategorie 3 **zu verschmerzen, wenn es nicht der Fall ist**.

Was will ich erleben?	Warum möchte ich dies erleben?	Priorität: 1, 2, 3

Anhand dieser Einteilung kann man dann gezielt auf die Suche nach einem geeigneten Praktikumsplatz gehen und hier zielgerichtet Gespräche führen. Da sich die Praxis jedoch nicht immer so planen lässt, wie wir dies gerne haben möchten, werden Sie gegebenenfalls an der einen oder anderen Stelle einen Abstrich machen müssen. Dies bedeutet nicht, dass Sie auf Ihre grundsätzliche Ausrichtung verzichten müssen, sondern ich möchte Sie ermutigen, hier flexibel zu bleiben. Oftmals führt einen ein Umweg oder eine nicht so geplante Aktion zu einer neuen Reaktion und zeigt einem damit viel Neues auf.

In einer nicht repräsentativen Umfrage von mir unter Praktikanten und Studierenden gab ein Großteil an, dass neben der guten fachlichen Ausbildung und einem renommierten Haus auch das gute Arbeitsklima und flache Hierarchien für Praktikanten wichtig sind. Das Image des Unternehmens ist für eine eventuell kommende Übernahme für die meisten Befragten von großer Wichtigkeit. Auch sollte das Unternehmen eine gewisse Größe haben, um ein ausführliches Praktikum und einen vielschichtigen Einblick anbieten zu können. Ferner gaben die befragten Praktikanten an, dass die aktive Einbindung von Praktikanten in außerdienstliche Ereignisse einen sehr positiven Einfluss hat.

Welche Unwägbarkeiten für mich gibt es?

Nachdem Sie sich Gedanken über die Ausgestaltung des Praktikums gemacht haben, sollten Sie sich auf jeden Fall auch Gedanken über eventuell aufkommende Unwägbarkeiten, Situationen und Themenfelder machen. Was wollen Sie auf keinen Fall erleben bzw. in welche Dinge möchten Sie nicht involviert sein? Dies klingt zwar am Anfang etwas befremdlich, kann aber in der Praxis sehr schnell zu unangenehmen Situationen führen. Daher sollte man sich im Vorfeld darüber Gedanken machen und gegebenenfalls auch schon eine Strategie beziehungsweise mögliche Reaktionen und Antworten parat haben, sollte eine

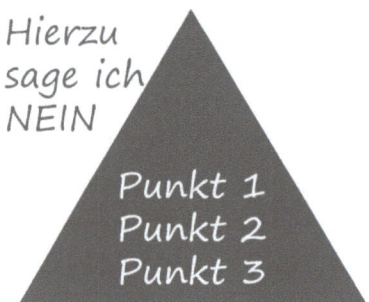

solche Situation eintreten. Vor allem unerfahrenen Praktikanten kann ich hier nur den Rat geben, sich eine Positiv- und Negativliste aufzustellen. Diese dient der eigenen Reflexion, dem Gedanken machen und zur Vorbereitung auf eine unbekannte neue Herausforderung oder auf ein eventuell entstehendes Problem. Da jeder eigene Vorstellungen über diese „No-Go-Situationen" hat, kann man keinen generellen Ratschlag geben, jedoch soweit anmerken, dass die innerliche und eigene Reflexion sehr viel zum Meistern einer solchen Situation beiträgt.

In einer nicht repräsentativen Umfrage von mir unter Praktikanten und Studierenden gab ein Großteil an, dass das permanente Ausführen von Hilfsarbeiterjobs im Praktikum ein No-Go darstellt. Des Weiteren ist es ein absolutes No-Go, wenn die Praktikanten vom Umfeld nicht wahrgenommen werden bzw. diesen das Gefühl einer gewissen Minderwertigkeit gegeben wird. Dies verstärkt auch das Gefühl des Ausgenutztwerdens. Weiter wurde angegeben, dass zu starke Beeinflussung der eigenen Persönlichkeit als schwer negativ angesehen wird (Veränderung von Angewohnheiten etc.). Das Praktikum sollte unbedingt auch bezahlt werden, dies unterstreicht dessen Wichtigkeit und zeigt, dass die Arbeit, die geleistet wird, etwas wert ist. Des Weiteren sichert die Bezahlung dem Praktikanten eine gewisse Eigenständigkeit und ist gut für das Selbstbewusstsein des Praktikanten.

Tipps und Tricks aus der Praxis

Wenn man sich, vor allem das erste Mal, auf eine neue und so wichtige Entscheidung wie eine Arbeitsstelle, und in Ihrem Fall die des Praktikums, einstellen muss, kommen einem sehr viele Gedanken bis hin zu Selbstzweifeln. Diese sind alle zutiefst menschlich und daher völlig normal. Oft gehen diese Situationen mit einer Art Tunnelblick einher, der einem die Breite und Weite der eigentlichen Überlegung versperrt. Daher ist es hier anzuraten, offen und mit Vertrauenspersonen in das Gespräch zu gehen. Gerade wenn man über seine Sorgen und Nöte spricht, lassen sich neue Wege ausmachen. Daher ist einer der maßgeblichen Tipps aus der Praxis, das Gespräch zu suchen. Dabei sollten unterschiedliche Gesprächspartner eingebunden werden. Für die sachliche und fachliche Seite sind z.B. Beratungsstellen der Hochschulen, Vermittlungsbüros für Praktika und die HR-Abteilungen der Firmen die erste Anlaufstelle. Um einen Einblick auf der Prakti-kantenebene zu erhalten, rate ich an, mit ehemaligen Praktikanten, Kommilitonen und Kollegen zu spre-chen. Sie können ein klares Bild vom Ablauf des Praktikums geben. Für die persönliche und emotionale Ebene ist der Gesprächspartner im Freundes- und Familienkreis zu suchen. Hier ist das Besprechen der aktuellen Sorgen und Nöte am klarsten strukturiert und angebracht. Als abschließenden Tipp kann ich jedem zukünftigen Praktikanten (und der gilt weit über die Praktikumszeit hinaus) mit auf den Weg geben:

Immer wenn sich eine Türe schließt, öffnet sich eine andere. So war es immer und so wird es immer bleiben.

Die Bewerbungsphase

Wie komme ich an den richtigen Praktikumsplatz?

Es gibt viele Möglichkeiten, um an ein Praktikum heranzukommen. Nachfolgend werden die günstigsten Wege aufgegriffen und ausgeführt.

Die Suche nach dem Praktikum

Vor jeder Bewerbung steht die Suche nach dem, was man eigentlich erleben will. Diese Phase könnte man auch als Recherchephase umschreiben, denn als zukünftiger Praktikant will man ja nicht irgendein Praktikum machen, sondern das genau für einen passende.

Dabei sind **W-Fragen** die wichtigsten, die es abzuklären gilt:

Wie?

Wo?

Was?

Wann?

Schon hier kann man wie in einem Entscheidungsbaum klären, was denn eigentlich der Inhalt des Praktikums, welche Branche, welche Firma, welche Länge etc. sein soll.

Die Initiativbewerbung

Bei der Initiativbewerbung geht man auf ein Unternehmen zu, welches man sich herausgesucht hat, ohne dass dieses eine Stelle ausgeschrieben hat. Diese Vorgehensweise bedarf einer großen Überzeugungskraft, denn das Unternehmen rechnet in der Regel nicht mit einer Bewerbung. Oftmals zeigt es den Unternehmen jedoch eine Einstellung zum Unternehmen und eröffnet hierdurch Chancen. Sie zeigen, dass Sie sich absichtlich für dieses Unternehmen interessieren und eben nicht nur für den Fachbereich.

Bei der Initiativbewerbung ist es extrem wichtig, dass man sich mit dem Unternehmenshintergrund auseinandergesetzt hat. Denn hier muss gegebenenfalls mehr Überzeugungsarbeit geleistet werden als bei ausgeschriebenen Stellen. Warum will ich unbedingt bei diesem Unternehmen mein Praktikum machen? Was begeistert mich daran so sehr? Hier können Sie auch gleich eine Zukunftsvision für sich selbst einbinden (... am Ende meines Praktikums möchte ich mir erhoffen, bei Ihnen als Werkstudent übernommen zu werden.).

Beispiel

 *Als großer FC-Bayern-Fan will man unbedingt ein Praktikum im Marketing des Fußballvereines machen. Es gibt jedoch keine dafür ausgeschriebene Stelle. Man bewirbt sich folglich initiativ auf diese. Nun reicht es nicht aus, zu schreiben, dass man FC-Bayern-Fan ist. Es*

muss schon Bezug auf das Unternehmen, die Praktikumsstelle etc. genommen werden. Sonst kann man sich die Zeit und Mühe der Bewerbung schenken. Die Bewerbung muss so aufgebaut sein, dass der Leser erkennen kann, warum nun ein Praktikum gewünscht ist. Dies kann z.B. durch die Darstellung des großen betriebswirtschaftlichen Umfeldes oder z.B. durch Marketing-Details erfolgen. Bei diesem Beispiel könnte man sich folglich dem Fußballverein von der betriebswirtschaftlichen Seite nähern und aufzeigen, dass einen das mittelständische Unternehmen reizt. Es reicht demzufolge nicht, sich lediglich als Fußballfan darzustellen. Lesen Sie sich daher immer tief in die jeweilige Unternehmensgeschichte bzw. die Geschäftsfelder des Unternehmens ein. Der Geschäftsbericht des Unternehmens (meist auf der

Internetseite unter Investors Relati-
ons abzurufen) ist hier eine große
Hilfe, da in diesem aktuelle Zahlen
und Informationen aufgeführt sind.
Des Weiteren ist der Internetauf-
tritt immer eine gute Informations-
quelle. Auch die aktuelle Tagespresse
sollte eingebunden werden, denn
auch hier kann man den einen oder
anderen wichtigen Hinweis entnehmen.

Bewerbung auf ausgeschriebene Stellen von Unternehmen

Die meisten Unternehmen schreiben ihre Praktikumsstellen aus. Dies hat zum einen verwaltungstechnische Hintergründe (z.B. Betriebsrat etc.) und zudem ist es einfach auch anders nichts abzuwickeln (aufgrund der Vielzahl der Stellen). Die Stellen werden folglich mit klassischer Stellenausschreibung, Ansprechpartnern etc. veröffentlicht. Auf diese Anzeige sollte dann im Anschreiben auch Bezug genommen werden. Viele Unternehmen nutzen für die Ausschreibung neben klassischen Medien auch das Internet und/oder Plattformen externer Anbieter.

Jobportale

 Im Internet gibt es seit geraumer Zeit Jobportale, welche offene Stellen (auch Praktikumsplätze) zusammen in einer Datenbank veröffentlichen und somit als Marktplatz für diese fungieren. Ich möchte an dieser Stelle ein paar dieser nennen, ohne dabei auf Vollständigkeit, Qualität oder Ähnliches Bezug zu nehmen:
www.stepstone.de
www.monster.de
www.experteer.de

Beratungsstellen

▶ Arbeitsagentur

▶ Berufsinformationszentren

▶ IHK's

Öffentliche Beratungsstellen greifen in der Regel auch auf die ausgeschriebenen Stellen zu. Da diese jedoch komprimiert und gebündelt bei diesen Beratungsstellen vorliegen, ist ein Aufsuchen einer solchen anzuraten. Hier fließen viele Informationen zusammen und die Mitarbeiter verfügen über den dementsprechenden Hintergrund, um eine gute Beratung zu leisten. Hier können Sie auch vom reichen Erfahrungsschatz profitieren. Sie müssen dazu die Mitarbeiter nur mit Ihren Fragen löchern.

Hochschulen

Viele Unternehmen gehen heute zielgesteuert auf die Hochschulen und Universitäten und die dort eingerichteten Praktikantenämter zu. Denen liegen dann folglich die aktuellen Stellenausschreibungen für Praktikanten vor. Diese bieten den großen Vorteil, dass Unternehmen genau wissen, welche Studierenden von welcher Fakultät oftmals zu ihnen passen. Daher werben diese aktiv um die gewünschten Studierenden. Die Hochschulen bieten auch nicht selten eigene Karriere-Netzwerke an und vermitteln über hochschuleigene Beratungsstellen Praktika. Da diese direkt im Kontakt mit den Studierenden stehen, ist dies als Netzwerkinstrument eine sehr gute Sache und sollte vom Studierenden angenommen werden.

Vitamin B (Beziehungen)

Gerade bei Praktikanten kommt immer wieder das Thema „Vitamin B = Welche Beziehungen habe ich, um an ein Praktikum heranzukommen" auf. Dies ist an sich auch nichts Verwerfliches, sondern sollte eher aktiv genutzt werden. Wichtig ist jedoch dabei, dass man dies nicht übertreibt und sich nicht nur auf das Vitamin B verlässt. Gerade wer über Beziehungen an einen Praktikumsplatz gekommen ist, muss in diesem oftmals etwas mehr arbeiten, um dem „Makel" entgegen zutreten. Diese Praktikanten müssen aufzeigen, dass sie eben nicht nur durch Vitamin B da sind, sondern ihr Förderer schon lange vor allen anderen erkannt hat, was in ihnen steckt. Oftmals ist es auch anzuraten, das Vitamin B einfach zu verschweigen (soweit dies machbar ist). Wenn man dann gute Arbeit leistet, kommt kein Gedanken an eine „Günstlingsstellung" auf.

Wie baue ich meine Bewerbung auf?

Klassischerweise wird jeder sagen, ein Anschreiben und ein Lebenslauf, und dann sollte dies funktionieren. Doch weit gefehlt! Bei der Vielzahl von Bewerbungen, welche z.B. auf ausgeschriebene Praktikantenstellen kommen, sollte die eigene Bewerbung immer herausstechen. Dabei ist der Grad zwischen einer herausstechenden Bewerbung und einer überzogenen Bewerbung sehr schnell recht dünn. Es kommt hier am ehesten auf das Unternehmen an. Umso konservativer ein Unternehmen ist, desto klassischer sollte auch die Bewerbung sein. Vermittelt ein Unternehmen, auch durch seinen öffentlichen Auftritt, eine stärkere Progressivität, kann z.B. zu neuen Stilmitteln gegriffen werden. Eines davon wäre unter anderem die Bewerbung in Interviewform abzugeben oder, wenn vorhanden, über den Themenbezug einer Seminar- oder Abschlussarbeit aufzubauen.

Musterbewerbung

M A X   M U S T E R M E I E R
Musterstraße 12
12345 Musterstadt
01111/12837371
muster@mustermeier.de

Freitag, 13. Dezember 2013

Bewerbung um einen Praktikumsplatz in Ihrem Hause

Sehr geehrter Herr Dr. Winter,
sehr geehrte Damen und Herren,

das sehr nette und aufschlussreiche Gespräch mit Ihnen im Rahmen der Round-Table-Veranstaltung von Management Kompakt in Stuttgart hat mich in meinem Vorhaben, ein Praktikum bei der Luxusbank im Bereich Wealth Management zu machen, weiter bestärkt.

Seit zwei Jahren studiere ich mit großer Motivation International Business Administration an der Universität Musterstadt. Mittlerweile bin ich im 4. Semester

und habe ein besonderes Interesse an der Bankenbranche entwickelt.

Die Luxusbank als international agierende Großbank
stellt für mich daher ein äußerst attraktives Umfeld für
ein Praktikum dar. Kunden in ihren Anlageentschei-
dungen strategisch zu beraten, das Herausarbeiten
individueller Finanzlösungen, die damit verbundene
starke Kundennähe, vor allem aber die Möglichkeit,
eigenverantwortlich an herausfordernden, anspruchs-
vollen und relevanten Projekten mitzuarbeiten,
begründen mein Interesse an einem 6-monatigem
Praktikum im Bereich Wealth Management. Der Zeitraum hierfür wäre von Anfang Januar 2014 bis Anfang
September 2014. Was den genauen Zeitraum und die
Dauer angeht bin ich jedoch flexibel und kann mich
nach Ihren Vorschlägen richten.

Um meine internationalen und interkulturellen Erfahrungen weiter zu vertiefen, werde ich ab August diesen
Jahres einen einsemestrigen Studienaufenthalt an der
Auslands University in Connecticut (USA) absolvieren.
Dieser Studienaufenthalt stellt für mich nicht nur eine
gute Möglichkeit dar, meine Englischkenntnisse zu
präzisieren, sondern auch meine sozialen und interkulturellen Kompetenzen zu erweitern, die sowohl im
Bankbereich allgemein als auch speziell im Bereich
Wealth Management eine bedeutende Rolle spielen
und mir persönlich sehr wichtig sind. Gerne würde ich

im Anschluss an diesen Auslandsaufenthalt meine bisher erlernten internationalen sowie fachlichen Kompetenzen im Rahmen eines Praktikums bei der Luxusbank einbringen.

Wie Sie meinem Lebenslauf entnehmen können, bin ich seit Oktober letzten Jahres ein aktives Mitglied der Studentenorganisation „Management Kompakt". Im Zuge meiner damit verbundenen Aufgaben habe ich ein hohes Maß an Eigeninitiative, Durchsetzungsvermögen aber auch Teamgeist entwickelt. Meine engagierte Arbeitsweise ermöglichte es mir bisher immer, meine Aufgaben präzise und verantwortungsbewusst umzusetzen. Zudem war ich stets in der Lage, meine Arbeitsergebnisse mit meinem Team abzustimmen und Kritik anzunehmen.

Im Rahmen meiner Nebenjobs habe ich erste Erfahrungen im Umgang mit Kunden gesammelt. Ein selbstständiges Arbeiten, selbstbewusstes Auftreten und ein ausgeprägtes Kommunikationsgeschick zähle ich daher ebenso zu meinen Stärken. Darüber hinaus bin ich jederzeit offen für Neues und daran interessiert, meinen Wissensstand in viele verschiedene Richtungen zu erweitern.

Ein Praktikum bei der Luxusbank würde mir zudem einen reflexiven Umgang mit den in meinem Studium erlernten Theorien und Methoden ermöglichen.
Ich bin daher sehr motiviert und entschlossen, all meine persönlichen Stärken und Fähigkeiten während eines Praktikums im Bereich Wealth Management aktiv mit einzubringen.

Über eine positive Antwort würde ich mich sehr freuen. Über ein persönliches Gespräch würde ich mich ebenfalls sehr freuen.

Mit freundlichen Grüßen

Max Mustermeier

No-Gos in einer Bewerbung

▶ Schreibfehler,

▶ fehlende Umgangsformen oder

▶ ein zu lockerer Ton (z.B.: Servus ...)

Für alle Bewerbungen gilt es, sich im Vorfeld der Bewerbung ausführlich Informationen über das Unternehmen einzuholen und sich tief auf dieses einzustellen und vorzubereiten. Das Bewerbungsanschreiben muss die intrinsische Motivation, gerade im ausgewählten Unternehmen ein Praktikum machen zu wollen, vollumfänglich darstellen und aufzeigen. Dabei ist auf Themen wie hohe Eigenmotivation, Eignung für das Praktikum und gegenseitige Wertschöpfungsquelle einzugehen. Auf keinen Fall darf die Bewerbung den Eindruck erwecken, als wäre diese schon mehrfach verwendet worden. Hier lohnt es sich, etwas mehr Zeit zu investieren. Kreativität, solange diese nicht in Albernheit ausartet, ist ein gutes Stilmittel, um hier aus der großen Masse herauszutreten, denn nichts ist langweiliger als ein Mitarbeiter, der sich in der großen grauen Masse der anderen verstecken möchte, dem die Eigenmotivation fremd ist und der sich am ehesten auf den Feierabend freut. Eine solche Einstellung kann manchmal schon der Bewerbung entnommen werden. Dies ist mitunter bei Pflichtpraktika zu erkennen, zu denen die Praktikanten ein unterrepräsentiertes Lustempfinden verspüren.

Beispiele für kreative Bewerbungsformen

▶ Bewerbung in Interviewform
▶ Bewerbung als Projektbericht
▶ Bewerbung als Forschungsaufgabe

Bei allen diesen Bewerbungsexoten ist jedoch darauf zu achten, ob diese vom Unternehmen akzeptiert und für gut befunden werden. Den besten Eindruck darüber kann man bekommen, wenn man sich im Vorfeld (am besten persönlich oder am Telefon) über die Bewerbungsmodalitäten erkundigt und diese über eine erweiterte Recherche untermauert werden.

Ausschnitte aus einer Bewerbung in Interviewform

...

IT: Heute bei uns am Mikrophon ist Max Mustermann. Herr Mustermann, sehr schön, dass Sie sich kurz die Zeit für dieses Gespräch nehmen.

MM: Sehr gerne.

IT: Herr Mustermann, erzählen Sie uns doch bitte erst kurz etwas zu Ihrer Person, damit wir Sie besser kennenlernen.

MM: Sehr gerne mache ich das und freue mich, dass Sie fragen. Ich bin am 26.4.1990 in Berlin geboren worden. Und schon seit meiner frühesten Jugend treibe ich viel Sport und interessiere mich für Werbung.

IT: Herr Mustermann, hier gleich eine Nachfrage, kommt daher auch Ihr großes Interesse an unserem ausgeschriebenen Praktikumsplatz in der Marketingabteilung?

MM: Ja, genau. Als ich Ihre Anzeige im Internet gelesen habe, war mir gleich klar, hier muss ich mich bewerben. Das ist genau mein Ding ...

...

Immer mehr, vor allem sehr große Unternehmen, gehen zur Onlinebewerbung über. Diese macht es zugegeben wieder etwas schwieriger, individuell zu sein und die oben angesprochenen Komponenten einzubauen. Hier kann man meist nur durch den Ausdrucksstil und gegebenenfalls durch andere Kleinigkeiten auf sich aufmerksam machen. Dies liegt in der Natur der Dinge, dass sich solch standardisierte Prozesse nur wenig verändern lassen. Hier müssen Sie anderweitig überzeugen. Dies kann dann z.B. bei einem Telefoninterview der Fall sein, denn hier haben Sie die Möglichkeit, ihre volle Persönlichkeit einzubringen.

Ein online-Bewerbungsschreiben kann analog dem Musterbewerbungsschreiben verfasst werden.

Das Telefoninterview

Oftmals wird vor ein Vorstellungsgespräch noch ein Telefoninterview geschaltet, um den Bewerber nochmals kennenzulernen und im Vorfeld eine Auswahl für die Vorstellungsgespräche zu treffen. Daher sollten Sie sich auf dieses genauso umfassend vorbereiten wie auf das Vorstellungsgespräch selbst.

Ihr Gegenüber kann aus Ihrer Stimme auf Sie selbst Rückschlüsse ziehen, deshalb sind noch ein paar weitere Dinge zu beachten:

▶ Antworten Sie präzise, deutlich und wie im persönlichen Gespräch.

▶ Gehen Sie nicht zu locker in das Telefonat.

▶ Stehen Sie für das Gespräch auf. Ihre Stimme verändert sich dann und Sie wirken eloquenter.

▶ Gestikulieren Sie am Telefon wie im persönlichen Gespräch, denken Sie an Ihre Mimik und lächeln Sie auch mal. Dies alles wirkt sich auf den Gesprächsfluss aus.

▶ Führen Sie das Gespräch in einer ruhigen und abgeschlossenen Umgebung.

▶ Sie sollten etwas zum Schreiben und ein Glas Wasser in Reichweite haben.

▶ Ablenkungen sind zu vermeiden.

Das Telefoninterview wird meist mit einem Mitarbeiter der HR-Abteilung geführt, welcher darüber entscheidet, ob Sie zum Gespräch eingeladen werden. Daher sollten Sie hier sympathisch und kompetent wirken.

Viele Praktikanten kleiden sich zum Telefoninterview wie zu einem Vorstellungsgespräch, denn dies führt zu einem gesteigerten Selbstbewusstsein und einer anderen Körperhaltung. Ich kann Sie daher nur dazu ermutigen, dies mal auszuprobieren.

Wie gehe ich mit Selbstzweifeln um?

Eine Frage, welche bei vielen Praktikanten immer wieder zur Diskussion steht, ist die: Wie gehe ich mit meinen ganz persönlichen Ängsten um? Darauf kann man nur wenige Antworten geben, ich möchte Sie jedoch ermutigen, sich diesen Ängsten zu stellen. Denn nur Sie können diese im Endeffekt überwinden. Probieren Sie so viel, wie nur geht, aus, denn in der Regel können Sie nichts verlieren. Haben Sie ein Telefoninterview, gehen Sie offen und gut gelaunt in dieses. Wenn es nichts werden sollte, haben Sie nichts verloren, denn vorher hatten Sie auch nichts. Daher können Sie auch einfach mal gewisse Dinge ausprobieren. Nehmen Sie dabei sich selbst nicht so sehr, jedoch Ihr Gegenüber immer ernst. Dann werden Sie schnell bemerken, dass die Zweifel schwinden.

 In einer nicht repräsentativen Umfrage von mir unter Praktikanten und Studierenden gab ein Großteil an, Zweifel über die persönliche Eignung und im Bewerbungsprozess zu haben. Ein Großteil der Befrag-

ten gab sogar an, dass die Selbstzweifel erst dann verstummt waren, als der erwünschte Erfolg ein-
trat. Eine Minderheit zweifelt auch
nach dem Erfolg immer noch an
sich. Dabei wurde weiterhin angegeben, dass ein sicheres Auftreten
oftmals zur Überspielung der
Selbstzweifel eingesetzt wird und
dann die konkrete Bezugsperson,
mit der man über die eigenen
Zweifel sprechen kann, eher im
Freundeskreis als in der Familie zu
finden ist.

Wie gehe ich in ein Vorstellungsgespräch?

Ist die Hürde der Bewerbung genommen und ist man zu einem Vorstellungsgespräch eingeladen, hat man sich schon im Vorfeld von Teilen der anderen
Bewerber abgesetzt. Mit dieser positiven Grundeinstellung sollte man an das
Gespräch herangehen. Wichtig ist in jedem Fall, das Vorstellunggespräch um-
fänglich vorzubereiten.

Folgende Themenfelder sind hier unbedingt zu beachten:

▶ Sachinformationen über das Unternehmen und Fachinformationen über die Tätigkeit.

▶ Welche Entwicklung verfolgt das Unternehmen derzeit?

▶ Wie ist die Stelle ausgeschrieben und was wird von mir erwartet?

▶ Wie sehe ich mich im Praktikum und darüber hinaus?

▶ Was zeichnet mich für diese Praktikantenstelle aus?

▶ Welche Gesprächsfelder könnten noch auf mich zukommen?

Neben der Einholung von Informationen zum Unternehmen sollten auch Informationen zur Gesamtsituation (z.B. bei einer Bewerbung in einer Bank die aktuellen volkswirtschaftlichen und politischen Entwicklungen) von Interesse sein. Diese Informationen sind nicht unerheblich, da im Gespräch gleich erkannt werden kann, wie tief der Bewerber bereits in die Materie eingestiegen ist.

Der Ablauf eines Bewerbungsgesprächs kann in der Regel in vier Phasen unterteilt werden:

Phase 1

Begrüßung, Small Talk, Aufwärmphase und Akklimatisierung

Es geht um recht Belangloses. Die Teilnehmer des Gespräches sollen sich etwas kennenlernen, die Nervosität soll etwas abgebaut werden und eine gute und vertrauensvolle Gesprächsatmosphäre entstehen. Versuchen Sie sich auf Ihr Gegenüber einzustellen. Schauen Sie auf seine Körperhaltung und passen Sie sich dieser an. Versuchen Sie sich zu entspannen, ohne zu locker zu werden.

Phase 2

Einstieg in das eigentliche Bewerbungsgespräch mit Fachhintergrund

Der Bewerber wird auf die fachlichen Hintergründe, seine Motivation und seine Einstellung geprüft. Dies findet in der Regel mit Fragen zur Praktikantenstelle statt. Auch persönliche Fragen an den Bewerber werden oft gestellt. Nicht selten wird eine kleine, aber gut zu lösende Aufgabe gestellt (z.B.: Ich gebe Ihnen virtuell eine Million Euro. Wie legen Sie diese ganz grob an?). Wichtig ist, dass man hier erkennen kann, dass der Bewerber die Stelle wirklich will und was seine intrinsische Motivation dafür ist. Auch ist hier der Zeitpunkt gekommen, um mit Fachwissen zu glänzen. Versuchen Sie, sympathisch die fachlichen Themen aufzugreifen, und präsentieren Sie Ihr Fachwissen ebenso sympathisch.

Kennen Sie das?

Man will kompetent wirken und der Interviewpartner schaut einen leicht skeptisch an. Dies liegt oft nicht an der fachlichen Seite, sondern an der verbalen, denn Kompetenz wird oft mit Arroganz gleichgesetzt. Daher versuchen Sie, Ihre fachlichen Ausführungen dahingehend zu steuern, dass diese sympathisch vermittelt werden. Ein einfaches kleines Stilmittel ist es hier, ab und zu ein leichtes ange- nehmes Lächeln (nicht herablassend grinsen) einfließen zu lassen und auch einmal eine Gedankenpause für das Gegenüber zu machen.

Phase 3

Die Persönlichkeitsebene

Nach der fachlichen sollte auch immer die persönliche Ebene eine wichtige Rolle im Bewerbungsgespräch spielen. Hier kommen z.B. Fragen wie: Wo sehen Sie sich in zehn Jahren? Wie flexibel sind Sie z.B. in räumlichen Fragen? Würden Sie das Praktikum auch für uns im Ausland machen? Welche persönlichen Erfahrungen haben Sie im Ausland? Welche privaten Interessen haben Sie? Welche sonstigen Interessen haben Sie?

Diese Fragen sollen nicht „ausfragend" wirken, sondern dem Interviewer ein gesamtheitliches Bild geben. Sprechen Bewerber über sich selbst, verändert sich deren Sprache, Gestik und Mimik. Der Mensch kommt besser zum Vorschein und man kann eher erkennen, ob der Praktikant in das bereits vorhandene Team passt oder nicht. Daher ist es auch angeraten, hier etwas persönliches von sich preiszugeben. Natürlich entscheidet jeder Bewerber selbst, was er hier erzählen möchte und was er für privat hält. In der Vorbereitung auf das Bewerbungsgespräch sollte man sich darüber Gedanken machen. Dies ist auch die Phase des

Gespräches, in der man eigene Akzente setzen kann und mit einer guten Eigenmotivation glänzen kann. Dabei ist zu beachten, dass nicht hyperaktive, sondern eigenmotivierte Mitarbeiter gesucht werden, die eine eigene Vorstellung von Leistungsbereitschaft haben.

Phase 4

Fragen des Bewerbers und Verabschiedung

In der vierten Phase ändert sich das Gespräch. Lagen in den ersten drei Phasen die Gesprächsanteile meist beim Bewerber, hat er nun die Chance, Fragen an den Interviewer zu stellen. Diese sollte der Bewerber im Vorfeld etwas abgesteckt haben und die dringlichen Fragen zur weiteren Vorgehensweise, der konkreten Ausgestaltung des Praktikums etc. beinhalten. Hier empfiehlt es sich auch, Fragen in schriftlicher Form vorbereitet zu haben. Dies zeigt, dass man sich auf das Bewerbungsgespräch vorbereitet hat, und vermeidet peinliche Pausen. Im Anschluss daran geht man in der Regel auseinander.

Was nun folgt, ist nicht selten eine Phase des Wartens. Denn meist werden mehrere Bewerber für eine Stelle interviewt, diese dann im Quervergleich gescreent und beurteilt. Dies alles nimmt viel Zeit in Anspruch. Nach dem Abschluss des Bewerberprozesses wird meist persönlich die gute Nachricht überbracht und in Schriftform die Absagen. Manchmal kommt es danach (in gewissen Fällen auch davor) zu einer Einladung zu einem Assessment-Center (AC).

Wie gehe ich in ein Assessment-Center (AC) und wie kann ich dieses bestehen?

Assessment-Center (AC) erfreuen sich in vielfacher Ausprägung großer Beliebtheit. Für die Unternehmen geben sie die Sicherheit, einen kontrollierten und standardisierten Prozess für die Personalauswahl zu haben. Dabei kommen unterschiedliche Arten zum Einsatz. In den vergangenen Jahren haben sich für Praktikanten unter anderem die Online-Assessment-Center als gut umsetzbar gestaltet. Dabei werden neben Wissenstests und Fähigkeitentests auch Persönlichkeitstests durchgeführt (vgl. KLEINMANN). Dabei werden für den Teilnehmer Stresssituationen erzeugt und er wird in diesen beobachtet. Natürlich ist dies bei einem Bewerber für eine Praktikumsstelle nicht so ausgeprägt wie z.B. bei einem Management-Audit für einen Executive. Dennoch sollte man sich vorher einmal damit befasst und sich auch darauf vorbereitet haben. Auch kein Manager geht in ein Audit ohne Vorbereitung. Natürlich wäre es nun übertrieben, als zukünftiger Praktikant sich einen Trainer zu nehmen und zu üben, aber Gedanken sollte man sich auf jeden Fall machen. Denn was man im Vorfeld durchdacht hat, fällt einem in der realen Situation deutlich einfacher und man kann aus der Erfahrung heraus agieren. Auch ist ein Durchspielen eines Bewerbungsgespräches in diesem Zusammenhang eine gute Methode, um sich vorzubereiten.

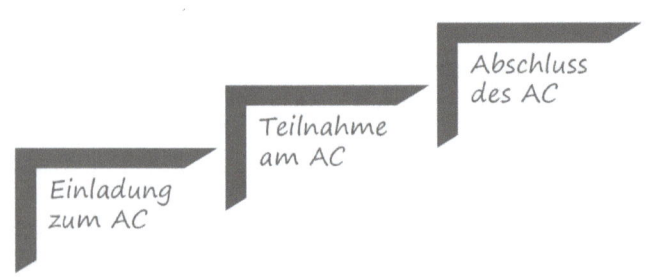

Einladung zum AC

Teilnahme am AC

Abschluss des AC

Hintergrund

 Die moderne Psychologie geht von vier Gruppen von Verhaltensdimensionen (vgl. Hagmann/Hagmann) aus. Dabei unterscheidet man zwischen dominanten, initiativen, stetigen und gewissenhaften Charakteren. Jeder Mensch besitzt alle Eigenschaften, wobei diese unterschiedlich breit und tief ausgeprägt sein können. Die jeweiligen Lastigkeiten kann man mittels standardisierter Verfahren erkennen. Dabei sollte man jedoch nicht den Selbstversuch unternehmen, sondern sich, bei Bedarf und Interesse in fachliche Beratung begeben.

Für die Praktikanten-Audits sind eher die nachfolgenden Punkte von Relevanz:

▶ persönliche Belastbarkeit,

▶ fachliche Eignung,

▶ Stärken/Schwächen-Analyse,

▶ Teamfähigkeit.

Hierzu sollte sich der Bewerber Gedanken machen und sich vorbereiten. Denken Sie jedoch immer daran, dass Sie immer noch als Mensch zu erkennen sein sollten. Spielen Sie also bitte nichts vor, das halten Sie sowieso nicht durch.

Die Start- und Orientierungsphase

Sie haben die anstrengende Bewerbungs-, Audit- und Wartephase hinter sich gebracht. Sie haben die Zusage für das Praktikum bekommen und können sich nun auf dieses vorbereiten. Wie bereits in der Bewerbungsvorbereitung sollten Sie die Zeit bis zum ersten Tag aktiv nutzen. Lesen Sie viel zu den Themen, die sich mit ihrem Praktikum beschäftigen, damit Sie schon mit klaren Vorstellungen und einem gewissen Fachwissen am ersten Tag ankommen. Die Inhalte sollten sich auf die jeweiligen Fachbereiche des Praktikums beziehen, aber auch direkt auf das Unternehmen, in dem Sie Ihr Praktikum machen. Sie sind dann auf vieles schon sehr gut vorbereitet und das Wasser, in das Sie gegebenenfalls geworfen werden, ist dann nicht ganz so kalt. Außerdem sollten Sie sich vor dem ersten Tag noch einen oder mehrere mentale Ruhetage gönnen. Damit Sie völlig entspannt und ohne Belastung in das Praktikum gehen können.

Wie geht man mit dem Warten um?

Die Zeit, welche man bis zum Ergebnis warten muss, ist mitunter anstrengender als die eigentliche Audit-Phase. Lassen Sie sich hier aber nicht verrückt machen und machen Sie sich selbst auch nicht verrückt. Das bringt nichts außer schlaflosen Nächten, denn Sie können nichts mehr beeinflussen. Die Würfel sind gefallen, Sie können nur noch abwarten und das Ergebnis entgegennehmen. Daher rate ich an,

machen Sie sich in dieser Phase (entgegen den anderen) wenig Gedanken.
Entspannen Sie, Sie brauchen die
Kraft für die Zeit nach der Entscheidung und teilen Sie dies auch so Ihrem
Umfeld mit. Das hilft Ihnen dann dabei.

Wie ist der erste Tag im Praktikum?

Wer kennt die Situation nicht, der erste Tag in einer neuen Funktion ist gekommen. Man ist von Grund auf etwas nervös, hat sich besonders gut zurechtge-
macht und schaut etwas ungewiss drein, was einen erwarten wird. Eine Situation, welche alle, die Ihnen heute begegnen, schon mindestens einmal selbst
durchgemacht haben. Der erste Tag ist dahingehend etwas Besonderes, da er so
gewiss ist wie wenig anderes, und er sich nicht überspringen oder gar umgehen
lässt. Es ist der Tag, an dem man alle neu kennenlernt und die anderen Teammitglieder einen selbst.

An sich sollte man am ersten Tag etwas vorsichtiger auftreten, als man dies
sonst macht. Mit der Tür ins Haus zu fallen, ist meist die schlechteste Eröffnung.
Denn auch hier zählt, der erste Eindruck bleibt. Ist man in einem Unternehmen
mit einer reichhaltigen Praktikantenkultur untergekommen, wird einem der
erste Tag meist einfach gemacht. Denn man hat Erfahrung damit. Meist sind
Mitpraktikanten und der Ausbilder auf ein solches „Ereignis" gut eingestellt und
nehmen einem recht schnell die Scheu.

Zum guten Ton gehört es, dass der neue Praktikant im Unternehmen herumgeführt wird, die für ihn maßgeblichen Personen kennenlernt und ihm sein Arbeitsplatz gezeigt wird. So nicht ganz unwichtige Dinge wie die Lunch-Gewohnheiten etc. sind meist auch Gegenstand des ersten Tages. Dann folgt eine je nach Unternehmen mehr oder weniger ausgeprägte „Beschnupperungsphase", welche für beide Seiten einen wichtigen Meilenstein darstellt, denn nun zeigt sich, ob die Entscheidung richtig war oder nicht.

Welche Fettnäpfchen warten auf mich?

Hier nun zu beginnen und Fettnäpfchen aufzuzählen, wäre mit der Arbeit SISY-PHOS' zu vergleichen. Daher möchte ich es gar nicht erst versuchen, denn sie lauern, wie immer im Leben, an allen Ecken und Enden, die großen Fettnäpfchen, welche man mit wachen und lebendigen Augen sehen kann, und die kleinen versteckten, welche oft nur von Insidern gesehen und „umschifft" werden können.

Der Klassiker der Fettnäpfchen ist bestimmt der Umgang zwischen Praktikanten und Vorgesetzten, zwischen Mann und Frau und zwischen Personen mit bestimmten Aufgaben, welche aber nicht immer im Betrieb anwesend sind (z.B. wenn man einen Aufsichtsrat, welcher gerade zu einer Sitzung kommt, am Empfang fragt, wohin er möchte). Wir sehen also, vor den Fettnäpfchen ist man schon wegen einer völlig natürlichen Informationsasymmetrie her nicht geschützt. Man kann folglich nur damit umzugehen lernen. Oft bringt schon ein Satz wie: *„Oh, Verzeihung, ich bin der neue Praktikant und wusste das nicht"*, Licht ins Dunkel. Manchmal – oder sagen wir besser fast immer – ist das vertraute Gespräch mit Mitpraktikanten hier jedoch das Zielführendste, denn in der Regel haben diese bereits Informationen, welche man selbst erst nach einer Kollision hat.

Grundsätzlich sollte man sich als Praktikant, und dies gilt vor allem, je formeller der Praktikumsbereich ist, in seinen persönlichen Aussagen und Bewertungen zurücknehmen. Natürlich ist der Praktikant kein stummer Zeuge der Szenerie, doch er sollte auch nicht der Redeführer sein oder alles am ersten Tag in Frage stellen. Eine gesunde Mischung aus einem „guten Spruch" und einer eher vornehmen Zurückhaltung erscheint bei näherer Betrachtung der

beste Weg zu sein. Oft sagt auch ein leichtes, mal auch freches Lächeln mehr als tausend Worte. Wenn es dann noch mehr Informationen zu senden gibt, fordert das Gegenüber oft dazu auf und ermutigt den Praktikanten dazu.

Allgemein gelten Themen wie Religion, Politik und die Freuden der Zwischenmenschlichkeit als Tabuthemen. Oft werden jedoch gerade diese Themen behandelt (dies gilt übrigens auch für Geschäftsverhandlungen). Gerade hier kann das Eis recht schnell sehr dünn werden. Dies gilt vor allem für ausländische Firmen und deren Gepflogenheiten. Daher sollte man sich gut überlegen, was und wie man etwas zum Thema beisteuern will, und wann es angepasst ist, das Thema lieber nicht mit einer feurigen Geschichte zu illustrieren. Es gilt wie immer, alles Gesagte ist gesagt – und kann nicht wieder zurückgenommen werden.

Kennen Sie das?

Sie hatten einen Gedankenblitz und bemerken, dass das Thema nicht gut ankommt. Sie können jedoch nicht aufhören, zu erzählen, und manövrieren sich dadurch in eine unangenehme Ecke.

Hier kann man es mit einem Zitatvon FRIEDRICH DÜRRENMATT (aus DIE PHYSI-KER) halten: *„Was einmal gedacht wurde, kann nicht mehr zurückgenommen werden."* Dasselbe gilt für das gesprochene Wort. Was einmal ausgesprochen wurde, kann nicht mehr zurückgenommen werden.

Doch was tut man, wenn man schon in ein Fettnäpfchen hineingetreten ist? Am besten schnellstmöglich versuchen, durch eine Entschuldigung herauszukommen. Was überhaupt nicht zu empfehlen ist, sind ausschweifende Erklärungen oder gar eine Geschichte darum zu spinnen. Denn jeder bemerkt, dass es sich um einen schlechten Versuch handelt. Greifen Sie daher gleich zur Entschuldigung, das löst die Verkrampfung und Situation am zügigsten.

Du, Sie oder doch nicht?

Viele Praktikanten, vor allem sehr junge, tun sich mit der Tatsache, gesiezt zu werden, etwas schwer. Dennoch sollte der Praktikant nicht dazu übergehen, sich überall mit dem Vornamen vorzustellen und schon gar nicht das Du einzufordern. Der Praktikant sollte hier sein Umfeld reagie-

ren lassen. Normalerweise geschieht
dies sehr rasch. Klassische Gepflogenheiten, wie das Duzen im Investmentbanking und unter Wertpapierhänd-
lern, sollte man gleich auch für sich
selbst umsetzen. Oftmals werden
Praktikanten mit dem Vornamen und
gleichzeitigem „Sie" angesprochen.
Dieses „Hamburger-Sie" zeigt eine
Vertrautheit und dennoch die not-
wendige Respektserzeugung (vgl.
BENSCH). Daher wird dies auch an den
meisten Hochschulen zwischen Profes-
soren und Studierenden so praktiziert.

Wie gehe ich mit den neuen „Kollegen" um?

Die Frage des Umgangs mit neuen Kollegen ergibt sich im Klassischen aus unserer Erziehung. So wie man selbst gerne behandelt werden würde, so behandelt
man andere, unabhängig von der Rangstufe. Aber diese Aussage alleine an dieser Stelle wäre nicht zielführend genug. Denn in den ersten Tagen in einem
neuen Umfeld mit neuen Kollegen ist das gegenseitige Annähern ein wichtiges
Ritual, um längerfristige Bindungen aufzubauen. Dabei sind die kleinen und
weniger tiefgreifenden Gespräche, welche eventuell auch nur beim gemeins-
amen Kaffeeholen entstehen, die wichtigsten. Denn hier wird über Sympathie

und Antipathie entschieden. Daher ist eines der empfehlenswertesten Instrumente, vor allem bei einem eingeschworenen Team, als Mitglied akzeptiert zu werden, bei den klassischen Ritualen mitzumachen. Eines der wahrscheinlich einfachsten Rituale ist das gemeinsame Mittagessen. Oft wird eine Mittagspause gemeinsam in geselliger Runde verbracht. Schließen Sie sich als Praktikant einer solchen an, werden Sie schnell bemerken, wie offen und auch neugierig Ihr Team sein kann.

Praxistipp

Die Kollegen sind auch Menschen! – Fragen Sie doch mal, wie deren Werdegang war, wie diese so mit den Fragen des täglichen Lebens umgehen und beteiligen Sie sich an deren Gesprächen. Es macht meist Sinn, wenn man sich an jemanden hält, der einem sehr sympathisch ist und einem in den ersten Tagen etwas helfen kann.

Durch das Einbringen und Teilhaben an solchen „Events" kommen Sie schnell voran und können zügig Teil des Teams werden. Sie lernen die Kollegen kennen und das bestehende Team den neuen Praktikanten.

Sollte in ihrem Unternehmen eine solche „Mittagskultur" nicht vorhanden sein, sind es bestimmt aber andere Gelegenheiten, bei denen man sich außerhalb des offiziellen Rahmens kennenlernen kann.

Wie kann ich mein Praktikum selbst mitgestalten?

Dass ein Praktikum selbst mitgestaltet werden muss, erscheint als eine klare und schon von der Natur der Dinge bestimmte Gegebenheit zu sein. Denn nur wer sich selbst mit einbringt, kann auch erwarten, gefördert und gefordert zu werden. Daher tragen eine sehr

▶ positive Grundeinstellung und ein

▶ intrinsischer Willen

maßgeblich zum Erfolg bei. Da das Praktikum ein Sprungbrett in den späteren Beruf sein kann, sollten diese wertvollen Aspekte nicht zu lapidar behandelt werden. Dies gilt vor allem dann, wenn die ursprüngliche Planung nicht aufgeht und Sie diese anpassen müssen, wenn sich der Erfolg nicht so einstellt, wie Sie sich das vorgestellt haben.

Beleuchten wir die beiden Aspekte zunächst etwas tiefer und getrennt voneinander.

Die **positive Grundeinstellung** zum Praktikum und die Tatsache, bei einem Praktikum etwas für den späteren Berufsalltag zu lernen, sind von großer Wichtigkeit. Ohne diese ist kein fruchtbarer Nährboden für das Praktikum bereitet. Daher ist ein hohes Maß an Selbstmotivation notwendig. Diese Selbstmotivation ist jedoch an die positive Einstellung gebunden. Beide stehen somit in einem direkten kausalen Zusammenhang. Ganz einfach ausgedrückt, wer auf eine Tätigkeit keine Lust hat, wird diese nicht gerne machen, wird diese nicht gut machen und daher bringt sie nichts! Macht man jedoch eine Tätigkeit gerne und erzielt in dieser Erfolge, motiviert dies weiterzumachen und über seine Grenzen hinauszugehen. Diese Motivation kann zwar auch von außen gesteuert und unterstützt werden, bedarf dennoch eines eigenen Antriebes.

Beim **intrinsischen Willen** zum Erfolg ist dies ähnlich. Er ist sozusagen an die innere Gier des Menschen gekoppelt und ist etwas, was per definitionem nichts Schlechtes oder gar Verwerfliches ist. Nein, es ist die Motivation, welche uns antreibt. Auch wenn wir Rückschläge erleiden. Wichtig ist in diesem Zusammenhang der Mut, den jeder in sich trägt. Mut haben bedeutet, neue Wege zu gehen. Mut bedeutet nicht, ein Himmelfahrtskommando anzustreben. Das wäre Übermut und das dieser nicht zielführend ist, ist hinlänglich bekannt. Man sollte sich daher der bösen Verlockung des Übermutes verweigern und die Mühe und Energie in positive Dinge umwandeln.

Bringt man nun die betrachteten und an sich nicht voneinander zu lösenden Zusammenhänge in Kombination, so kommt man zur Aussage: **„Der Praktikant braucht einen großen inneren Mut, einen eigenen Antrieb, eine positive Grundeinstellung und einen intrinsischen Willen zum Erfolg."**

Durch diese Grundelemente (Mut, Eigenantrieb und positive Einstellung) zeigen Sie dem Unternehmen ganz klar auf, dass Sie auch über Ihr Praktikum hinaus bei diesem bleiben wollen. Denn das Praktikum öffnet Ihnen die Türen für deutlich mehr. Sie müssen jedoch vom ersten Tag an zeigen, dass Sie dieses „mehr" auch anstreben.

Vorsicht Falle

Oft wird erfolgreichen oder zumindest sehr zielsicheren Menschen Arroganz nachgesagt. Denn durch ihr selbstsicheres und vor allem zielgerichtetes Auftreten kann schnell dieser Eindruck entstehen. Dies jedoch kommt meist dann vor, wenn zwei unterschiedliche

„Welten" — egal ob gedanklicher oder materieller Natur — aufeinanderprallen. Der Begriff Arroganz kann hier jedoch falsch sein. Denn dieses bedeutet Hochmut — also Selbstüberschätzung, Eitelkeit und Narzissmus. Sollte dies wirklich der Fall sein, hat der Übermut über den Mut gesiegt. Wird das Gegenüber jedoch falsch eingeschätzt, wird der scheinbare Übermut gerne mit Selbstsicherheit verwechselt. Diese ist die positive Form, daher sollte man nicht leichtfertig ein Urteil fällen oder sich gar zu einer Aussage hinreißen lassen.

Bei Praktikanten ist ein selbstsicheres Auftreten sehr gut, sollte jedoch immer mit einer gewissen Portion Understatement versehen sein. Sonst ist die Gefahr groß, nicht ernst genommen zu werden.

Was für Selbstführungsinstrumente gibt es?

Bei der Selbstführung oder dem Management seiner eigenen Kräfte kann man auch vom Management der Eigendisziplin sprechen. Durch diese wird der Erfolg zusammengehalten. Beginnen wir jedoch ganz vorn, beim Management eines Tagesablaufes. Es gibt viele standardisierte Methoden, einen Tagesablauf so anzugehen, dass er klar strukturiert ist und das Maximum an Effizienz aufweist. Gerade für Praktikanten ist dies von Vorteil, da diese in der Regel von mehreren Quellen mit Anforderungen in Anspruch genommen werden. Daher ist es sehr gut, wenn man hier mittels schlichter Mittel den Überblick bewahrt.

Was sind dies für Tools?

Ganz vorne steht ein **Terminplaner**, der die zeitliche Koordination ermöglicht. Ohne Terminplaner versinken Sie im Chaos. Daher sollten Sie diesen immer adäquat führen und sich diesem auch jeden Tag einen kurzen Augenblick widmen. Wiederkehrende Termine gehören genauso gepflegt wie Einzeltermine (vgl. Voss).

Dem Terminplaner sollte eine **To-do-Liste** angeschlossen sein, welche die einzelnen Aufgaben beinhaltet. Auf der **To-do-Liste** sollten drei Prioritäten gesetzt sein. Von *extrem eilig /wichtig* bis hin zu *hat noch Zeit /unwichtig* (vgl. VOSS).

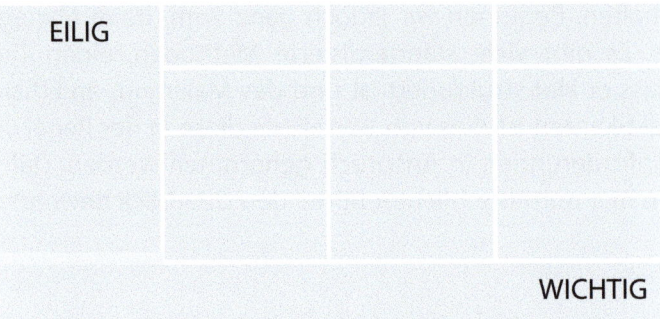

EILIG

WICHTIG

Diese natürliche Einteilung gibt einen guten Rhythmus der Arbeit vor und zeigt gleichzeitig auf, wo welche Aufgabe derzeit steht. Jede Aufgabe sollte mit einer Abstufung von 20-Prozent-Schritten einen Erledigungsvermerk bekommen. Dies zählt zur Vereinfachung des Reporting und zeigt den jeweiligen Unterweisern auf, dass der Praktikant mit System und Organisation an ein Thema herangeht.

*Steigen Sie als Praktikant direkt in ein komplexes neues Projekt ein und müssen sich eindenken, ist ein **Mindmap** eine gute Möglichkeit, die einzelnen Aspekte aufzuzeigen und zu clustern. Oft ergibt sich daraus schon der erste Arbeitsschritt, denn durch die Ver–*

deutlichung im Cluster bzw. im Mindmap (vgl. ALLHOFF/ALLHOFF, vgl. VOSS)
finden sich oft Verbindungen und
Handlungsaktivitäten, welche sonst nur
mühsam zu erkennen sind. Auch erge-
ben sich hier schon oft Fragen, die den
Kollegen gestellt werden müssen.

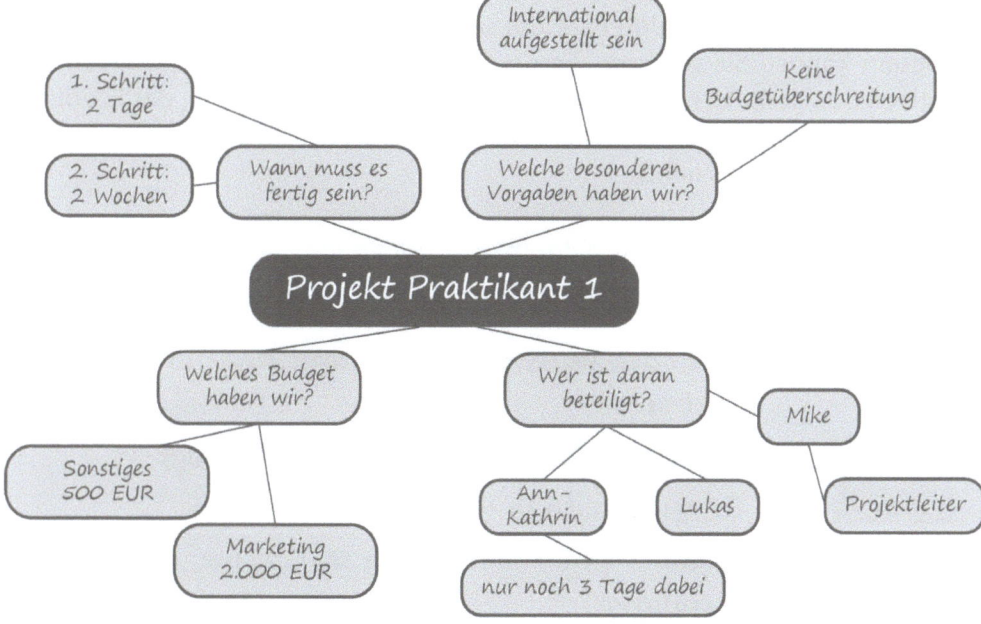

Abb.: Beispiel eines Cluster/Mindmap

Wenn Sie nun als neuer Praktikant, ausgerüstet mit Terminplaner, Taskliste und den jeweiligen Umgangsmöglichkeiten, dastehen, sollten Sie dennoch einige weitere Punkte beachten, die ich nachfolgend aufgreifen möchte.

Jeder Terminplan ist nur so gut, wie er auch gepflegt wird. Daher gehen Sie diesen jeden Tag zu Beginn durch, ordnen ihn nach Dringlichkeit und Wichtigkeit neu und kontrollieren Sie alte Vorgänge, um böse Überraschungen zu vermeiden. Versuchen Sie, Aufgaben immer so anzugehen, dass diese in einem festgelegten Zeitrahmen zu erledigen sind. Setzen Sie diesen bitte nicht zu eng, da sonst die Gefahr einer ständigen Stresssituation entsteht.

Lassen Sie sich von Ihren Unterweisern und Kollegen ein Feedback geben. Nur an diesem können Sie wachsen. Fragen Sie hierbei gezielt nach positiven und negativen Punkten. Rechtfertigen Sie nichts, sondern nehmen Sie das Feedback (vgl. BASTIAN/COMBE/LANGER) als neutrale Information hin und versuchen Sie, das umzusetzen, worum es geht.

Die wichtigsten Feedback-Regeln im Überblick

Für den Feedback-Geber:

▶ Feedback muss erwünscht und eingefordert sein.

▶ Es muss beschreiben und nicht mutmaßen.

▶ Es muss zeitnah und korrekt sein.

▶ Es muss eine Hilfestellung sein, keine „Abrechnung".

▶ Verwenden Sie keine *Aber*-Sätze.

▶ Sprechen Sie in der *ICH*-Form, nicht im *WIR* oder *MAN*.

▶ Vermeiden Sie alle Verallgemeinerungen.

Sätze wie:

▶ ... *ich wünsche mir* ...

▶ ... *ich habe beobachtet* ...

▶ ... *ich empfehle* ...

sind hilfreich.

Für den Feedback-Nehmer:

▶ Hören Sie aufmerksam zu.

▶ Rechtfertigen Sie nichts.

▶ Erklären Sie nichts.

▶ Sprechen Sie Ihren Dank für das Feedback aus.

▶ Seien Sie nicht beleidigt.

▶ Beginnen Sie mit einer Eigenreflektion und versuchen Sie, die Hinweise und Ratschläge umzusetzen.

(vgl. Stangl-Taller; Hochschuldidaktischer Workshop)

Ich möchte an dieser Stelle noch ein paar Worte zum Thema Feedbackkultur in Unternehmen anbringen. Diese wird sehr unterschiedlich gehandhabt und ist daher nicht einheitlich. Es gibt viele Unternehmen, die hier noch Nachholbedarf haben bzw. in denen keine Feedbackkultur etabliert ist. Hier ist es natürlich schwer, dies als Praktikant einzufordern. Daher sollten Sie zu Beginn des Praktikums ausloten, ob und inwieweit hier eine Rückmeldekultur vorhanden ist. In manchen Firmen wird die Feedbackkultur auch überzogen und es wird ständig und immer eine Rückmeldung zu jeder Kleinigkeit gegeben. Auch dies ist nicht produktiv und sinnvoll. Hier gilt wie immer im Leben, der gesunde Mittelweg macht den Erfolg aus.

Werden Sie als Praktikant/Unterweiser nach einem aktiven Feedback gefragt, empfiehlt es sich, eine sachliche bzw. emotionslose Beurteilungsmatrix zu verwenden. Erklären Sie, was Ihnen gut gefallen hat, was Ihnen nicht gefallen hat, was hat Sie gestört und was hat Ihnen gefehlt. Diese Vorgehensweise ist analog dem JOHARI-FENSTER anzuwenden, welches in der Literatur oft wiedergegeben wird.

	mir bekannt		mir unbekannt
anderen bekannt	öffentliche Person	andere teilen mit mir ➜	blinder Fleck
	ich gebe preis ↓		Unbekanntes /Unterbewusstsein
anderen unbekannt	meine Rolle /Maske		

Abb.: Johari-Fenster (eigene Darstellung, entwickelt nach Joseph Luft und Harry Ingham)

Wie lasse ich mich führen?

Die Frage nach dem eigenen Sich-führen-lassen stellt man sich viel zu selten. Meist wird die Frage nach dem Führungsstil des Chefs gestellt. Dies wird an späterer Stelle auch noch getan. Doch zunächst einmal geht es um uns selbst. Wie lasse ich mich führen und wie kann ich positiv weitergebracht werden? Der Vorteil bei Praktikanten ist, dass diese in der Regel von ihrer persönlichen Eignung noch nicht vollständig fixiert sind und sich noch etwas verändern bzw. etwas stärker führen lassen als Festangestellte. Dennoch ist es auch hier wichtig zu sehen, dass vor allem persönliche Erfahrungen, Erziehung und auch religiöse Prägungen zu beachten sind.

Jeder Praktikant sollte sich im Vorfeld daher Gedanken machen, wie er sich führen lässt. Werden wir konkreter: Ich möchte hier zwischen drei verschiedenen Arten der Führungsaufnahme (vgl. Blanchard/Zigarmi/Zigarmi) unterscheiden:

1 der disziplinarische bzw. streng hierarchische Führungsstil

2 der gemäßigte angepasste Führungsstil

3 der kollegiale Führungsstil

Allen dreien sind positive und negative Punkte zuzuordnen. Daher kann man nicht sagen, der eine ist der gute und der andere der schlechte Führungsstil. Die Grundunterscheidung findet im Umgang damit statt. Umso hierarchischer ein Führungsstil angelegt ist, desto kälter kommt er vom Klima her rüber. Dennoch kann gerade dieser bei vielen sehr zielführend sein, da er wenig Raum zur Interpretation gibt, anders als ein, den Studierenden aus der Hochschule gut bekannt, kollegialer Führungsstil, welcher viele Freiräume lässt, die jedoch auch mit Leben gefüllt werden müssen. Man könnte hier sagen, wer selbstständig arbeiten will, muss dies selbst und ständig tun.

Wie kann ich überhaupt Einfluss darauf nehmen? Dies ist durch verschiedene Dinge möglich. Grundsätzlich liegt der Schlüssel darin, sich darüber Gedanken zu machen und dann zu sagen, dies will ich und jenes will ich nicht. Diese Entscheidung zeigt man recht schnell nach außen. Des Weiteren, dies gilt vor allem für den kollegialen Führungsstil, bemerkt man als Unterweiser schnell, wenn der Praktikant diese Freiheiten zu schätzen weiß, ohne sie auszunutzen. Verstärkt wird dies noch, wenn der Praktikant dies positiv aufnimmt und dies bei ihm selbst zu einer großen positiven Eigenmotivation führt.

Anders erkennt man natürlich auch, wenn dies nicht der Fall ist, und man wird die Zügel anziehen. Dabei wird man nicht sofort zum hierarchischen System übergehen, aber dieses schleichend einführen. Viele Freiheiten gehen dadurch verloren.

 *Grundsätzlich kann die Gleichung: Leistung (L) + Disziplin (D) = Erfolg (E) angesetzt werden, welche als Substitut alles zusammenfasst, was im Vorangegangenen erklärt wurde.*

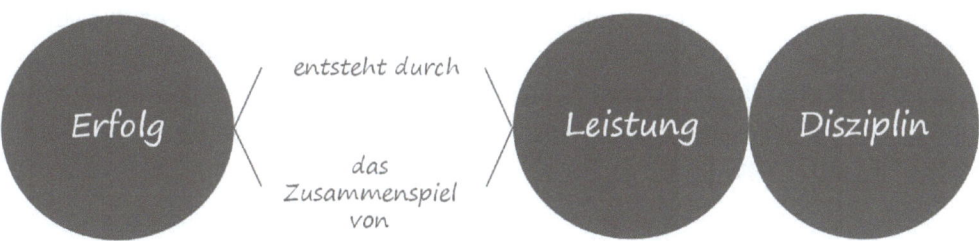

Wie erkenne ich die Führungsstile des Chefs bzw. der Unterweiser?

Ausgehend von den oben aufgestellten drei Gruppen (vgl. Kapitel „Wie lasse ich mich führen?") von Führungsstilen sollte der Praktikant in den ersten Tagen die jeweiligen Personen in seinem neuen Umfeld betrachten. Wie gehen diese miteinander um und welche der jeweiligen Stile werden gebraucht? Oft ist auch eine Mischform oder eine unterschiedliche Anwendung auf unterschiedliche Personen etc. im praktischen Gebrauch erkennbar.

Wichtig ist, dass man bei der „Beobachtung" des Führungsstils auch auf Dinge wie **Lob, Kritik und Anerkennung** achtet. Wird wertschätzend miteinander umgegangen oder eher nicht? Ist die Führung ermutigend oder nicht? Nur bei einer ermutigenden Führung kann auch ein positiver Output entstehen.

Was genau ist positives und ermutigendes Führen?

Sie werden schnell erkennen, ob Ihr Unterweiser die Grundlagen eines positiven und ermutigenden Führens beherrscht. Eine klassische Situation hierfür bilden Projekte, welche vom Praktikanten selbst mitgestaltet werden sollen, also Aufgaben, die Sie selbst übertragen bekommen. Lässt man Sie damit alleine, meckert nur an Fehlern herum, stellt Ihnen aber keine Hilfe dar, pflegt der Unterweiser keine ermutigende Führung. Lässt er Sie jedoch am Anfang loslaufen, lässt sich reporten und gibt Ihnen dann zu den Problemfeldern die Hilfestellung, sodass Sie das Projekt eigenständig zu Ende führen können, dann ist der Unterweiser hier gut vorgebildet.

Loben schadet nicht!

Eine Aussage, die ich nur immer wieder ins Feld führen kann. Ein gutes, gesundes und vor allem ehrliches Lob führt viele Praktikanten viel stärker als alles andere. Wenn jemand etwas gut gemacht hat, sollte dies auch gesagt werden. Wichtig ist nur, dass das Lob einen nicht abheben lässt. Dabei muss der Gelobte immer daran denken, das Lob ist für etwas in der Vergangenheit. Wir leben aber in der Gegenwart und Zukunft. Lob muss folglich jeden Tag erneut errungen werden.

Beobachten Sie als Praktikant bitte auch den Umgang der einzelnen Führungsebenen untereinander (sollten Sie hierzu die Möglichkeit haben). Es wird Ihnen unter Umständen schnell auffallen, dass umso höher eine Führungsebene ist, desto unterschiedlicher gehen die Damen und

Herren miteinander um. Dasselbe gilt auch für die Beobachtung zwischen weiblichen und männlichen Führungskräften.

Fordern Sie als Nachwuchskraft, bitte aber nur im vernünftigen Rahmen, eine ermutigende Führung ein. Zeigen Sie schnell und deutlich Ihre positive Einstellung. Lassen Sie sich nicht mit negativen Dingen belasten, sondern versuchen Sie immer, das Licht am Ende des Tunnels zu sehen. Dann werden auch die jeweiligen Führungskräfte Sie positiv aufnehmen.

Der Alltag im Praktikum

Sie haben Ihren ersten Tag bzw. die ersten Tage überstanden und sind im Praktikumsbetrieb richtig angekommen. So langsam kennen Sie alle Kollegen, werden in das Team integriert und haben einen festen Unterweiser bekommen. Mit den jeweiligen Gepflogenheiten im Betrieb kennen Sie sich nun auch aus und wissen in etwa, wo was liegt und was so den Tag über zu erledigen ist. Nun beginnt der Alltag für Sie. Die Phase, in der Sie vor allem auch lernen sollen. Doch wie geht das genau? Betrachten wir die Hauptpunkte etwas genauer.

Wie bekomme ich den größten Nutzen für mich?

Dies ist eine der grundlegendsten Fragen von Praktikanten: Wie ziehe ich meinen größten Nutzen aus dem Praktikum? Zugleich ist es die individuellste und komplexeste Frage, denn hier gibt es keinen einfachen Lösungsansatz. Dennoch möchte ich versuchen, aufzuzeigen, was mir hier als besonders erwägenswert erscheint.

Der größte Nutzen liegt wohl darin, so viel Fachwissen und Informationen wie möglich aufzunehmen. Diese bekommt man, wenn man immer in erster Reihe mit dabei ist. Das soll für den Praktikanten bedeuten, dass man in die spannenden Projekte mit aufgenommen werden muss. Nur wenn man direkt dort vor Ort ist, kann man auch wirklich viel lernen. Vom Hören oder nur vom Anlesen bleibt der Wissenserwerb gering. Daher sollte man immer ganz klar aufzeigen, dass man bei wichtigen und interessanten Dingen gerne dabei sein möchte. Eigenständiges Vor- und Nachbereiten, das Aufstellen eines eigenen Fragenkataloges und das Einfordern von Antworten auf diesen wird dem Unterweiser das Interesse ganz klar zeigen. Dieser erkennt, dass der Praktikant es ernst meint, und wird sich mit ihm tiefer zu den Fragen beschäftigen.

Dies bringt mich zu einem weiteren wichtigen Punkt. Praktikanten sollten so viele Fachinformationen wie nur möglich aufnehmen.

Das bedeutet für die Vorbereitung des Praktikumsalltags: lesen, lesen und nochmals lesen. Alle entstandenen Fragen sollten gesammelt und dem Unterweiser gestellt werden. Nur dann kann man das Gelesene vollumfänglich begreifen und verstehen. Des Weiteren sollte ein Wissenstransfer in die Praxis eingefordert werden. Dies genügt schon mit dem Satz: „Wenn so etwas bei uns mal vorkommt, würde ich das gerne sehen." oder „Wie gehen wir in der Praxis damit um?" Nachfragen nach tieferen Informationen ist auch von großer Bedeutung. Als Praktikant hat man die Chance, all die Fragen zu stellen, die einen interessieren. Jetzt ist die Zeit dafür da, später im Berufsalltag bleiben diese oft auf der Strecke bzw. müssen anderweitig geklärt werden.

Wer nicht fragt bleibt dumm!

Dieser provokante Ausspruch stammt aus dem Titellied der deutschsprachigen „Sesamstraße" und zeigt genau das auf, worum es geht. Wer keine Fragen stellt, wird nicht vorankommen. Daher ermutige ich Sie, stellen Sie so viele Fragen wie nur möglich. In der Wissen-

schaft sagt man, sei die Antwort oftmals langweilig, nur auf die Frage
komme es an. Ich jedoch halte für mich
fest, dass jede Antwort zu einer neuen
Frage führen sollte. „Der Mensch ist
nun mal als Fragender auf die Welt
gekommen", und der soll er auch sein
(vgl. RATZINGER).

Des Weiteren sollte jeder Praktikant ein eigenständiges Arbeiten anbieten und einfordern. Damit lernt er den praktischen Umgang mit der theoretisch gelernten Materie kennen und kann diese ausprobieren. Durch sein eigenständiges Arbeiten unterstützt der Praktikant auch das bestehende Team und gibt diesem einen Nutzen zurück. Die Bereitschaft, dann noch tiefer mit dem Praktikanten zu arbeiten, wird deutlich ansteigen, da auch die anderen Teammitglieder einen Nutzen aus dem Praktikanten erkennen.

Wie komme ich in meinem Praktikum voran?

Für ein positives Vorankommen ist ein Sockelwissen, welches durch ein aktives Selbststudium und das Auswerten von Literatur anzueignen ist, von großer Wichtigkeit. Dies wird unterstützt und verbunden durch das aktive Fragenstellen. Denn nur durch das Fragen kann man Antworten erhalten. Wer darauf wartet, dass das Wissen zu einem kommt, wird sein Leben lang warten. Hier ist eine große Eigeninitiative gefragt. Eigenständiges Fragenstellen ist einer der wichtigsten Schlüsselfaktoren. Dies und die Bitte, dass man bei allem eingebunden wird und teilhaben darf. Denn nur vor Ort erkennt man, worum es geht.

Dabei ist es wichtig, vom Unterweiser so viel aufzunehmen, wie es nur geht.

▶ *Wie baut er ein Gespräch auf, wie bereitet er sich vor, wie bereitet er ein Gespräch nach, welche Floskeln, Gesten und Mimik verwendet er?*

▶ *Wie geht er mit Unvorhergesehenem um?*

Dadurch erkennt der Praktikant Verhaltensmuster und Alternativen zum Handeln. Es geht nicht darum, jemanden zu kopieren, sondern vielmehr darum, zu erkennen, wie die jeweilige Person mit Handlungsoptionen umgeht, um dann für sich selbst daraus Schlüsse zu ziehen. Gerade in Stresssituationen kann diese Vorgehensweise eine deutliche Sicherheit geben und schafft für einen selbst die Handlungsspielräume, die man benötigt. Des Weiteren behalten Sie dabei das Heft des Handelns in der Hand.

Die Vorgehensweise

▶ beobachten,

▶ erkennen und nachfragen,

▶ selbst handeln

scheint hier die zielführendste zu sein. Wichtig dabei ist noch, sich selbst seine Grenzen bewusst zu machen und zu versuchen, diese zu überschreiten.

Das bedeutet nicht, sich zu überschätzten. Nein, vielmehr bedeutet es, auszutesten, wie weit man sich selbst belasten kann und was man braucht, um eine weitere Stufe zu erklimmen. In einem Gespräch mit dem Unterweiser kann man dies als Bitte um Begleitung frei äußern. Normalerweise nimmt der Unterweiser dies aktiv auf und führt den Praktikanten dann von sich aus schon in diese Bereiche. Er beobachtet und erkennt, wie sich der Praktikant verändert. Des Weiteren wird der Unterweiser auch ein Feedback geben, welches notwendig ist, um auf Fehler, Schwächen und Verbesserungspunkte aufmerksam gemacht zu werden. Das Feedback fungiert jedoch auch als wichtiger Werttreiber der Motivation und bringt den Praktikanten weiter.

Wie lerne ich, Nein zu sagen?

Die Frage nach dem NEIN-Sagen und dies so zu tun, dass es nicht überheblich, fehlplatziert und völlig weltfremd erscheint, ist immanent wichtig. Denn jeder Praktikant wird mit Aufgaben betraut sein, welche nicht in seinen Aufgabenplan passen oder welche einfach unter „Hiwi"-Jobs abzulegen sind. Es ist nicht anzuraten, dass der Praktikant beim ersten Mal und dann gegebenenfalls noch bei einer netten Bitte Nein sagt. Solche Jobs gehören zum Aufgabenbereich eines Praktikanten oft dazu. Dennoch kann man ermutigen, dass der Praktikant nicht für alles da ist und schon gar nicht für Dinge wie das Einkaufen oder das Abholen von Kleidung aus der Reinigung. Hier kann und sollte der Praktikant lernen, Nein zu sagen. Worauf ist dabei zu achten?

Zunächst ist es wichtig, wie und von wem man gefragt wird. Ist die Frage als nette Bitte formuliert und kommt von einem Unterweiser, welcher den Praktikanten auch sonst stark fördert, so ist diese anders zu beurteilen als wenn sie im Imperativ ausgesprochen wird, von jemandem, der den Praktikanten nur als billige Hilfskraft ohne Ausbildungsoption sieht. Dieser Umstand sollte beim Abwägen immer in Betracht gezogen werden. Denn fördern und fordern sind zwei unmittelbar verbundene Faktoren. Man kann hier auch viel kaputt machen.

Grundsätzlich gilt, ein Nein muss höflich, nicht emotional und völlig wertfrei ausgesprochen werden, am besten mit einer guten und in sich schlüssigen Begründung. Ein lapidares „dafür bin ich nicht zuständig" zählt hier übrigens nicht dazu! Bevor man antwortet, sollte man sich also kurz die Zeit zur Überlegung nehmen. Ein nettes:

„Vielen Dank, ich habe über Ihre Anfrage nachgedacht. Ich kann diese leider heute nicht mehr leisten, da ich derzeit im Projekt von Herrn XY so stark integriert bin und noch dringend dafür etwas fertig machen muss ..."

bringt Sie hier deutlich weiter.

Denn diese Antwort ist emotionslos und sachlich. Sie zeigt auf, dass Sie zwar gewillt wären, aber es aufgrund ihrer aktuellen Auslastung nicht leisten können, und fordert für Sie als Praktikanten Verständnis ein. Denn auch Sie sind ein Teil des Teams und haben Ihre festen Aufgaben. Die damit verbundene Wirkung macht deutlich, dass der Praktikant nicht nur für das Kaffeeholen da ist; er ist integriert und muss so gut sein, dass der Kollege XY ihn tief in ein Projekt eingebunden hat. Ergo kann ich als Unterweiser ihn gegebenenfalls bei mir auch in ein interessantes Projekt einbinden. Schon könnten Sie vor einem interessanten und guten neuen Aufgabenkatalog stehen.

Ohne Emotion ist man besser unterwegs!

Eine zugegeben provokante Aussage, aber in diesem Zusammenhang sehr wichtig. Lassen Sie beim Nein-Sagen alle Emotion außen vor. Denn Sie werden sonst unter Umständen nicht ernst genommen. Des Weiteren haben Sie ein neutrales Statement gesendet, aus dem jeder ohne Gesichtsverlust wieder herauskommen kann. Gewöhnen Sie sich daher an, hier emotionslos und sachlich zu handeln. Alles andere erinnert eher an ein trotziges Kind.

Wer immer zu allem *Ja* und *Amen* sagt, wird nicht ernst genommen. Das ist sehr wichtig zu wissen, denn nur Ja gibt es nun mal auf der Welt nicht. Sie müssen auch als Praktikant Grenzen setzen. Sollten Sie diesen selbst nicht Herr werden, da Sie sich hier nicht oder nur bedingt durchsetzen können, sollten Sie Ihren Unterweiser bitten, Sie hier zu unterstützen.

Kündigungen

Bei Kündigungen ist es so eine Sache. An sich sollten Sie als Praktikant nicht vorzeitig das Handtuch werfen. Denn die Erfahrung im Praktikum, auch wenn diese mal nicht so toll sind, prägen Ihr Vorankommen. Dennoch kann es Situationen geben, in denen ein Fortführen des Praktikums nicht mehr realistisch ist. In einem solchen Fall und nach reichlicher Überlegung ist es dann oft besser, das Arbeitsverhältnis zu beenden. In jedem Fall sollte die Kündigung schriftlich und neutral erfolgen. Sie sollten auf Emotionen im Schreiben verzichten und lediglich kurz und bündig die Kündigung aussprechen. Dabei ist zu beachten, dass Sie sich dieses Schreiben quittieren lassen sollten, und Sie müssen dies bei einer Person abgeben, welche Prokurist, Leiter oder ähnliches ist und diese auch entgegennehmen kann.

Musterkündigung

Sehr geehrte Damen und Herren,

hiermit kündige ich mein Praktikumsverhältnis mit Ihnen fristgerecht zum 1.1.2014. Ich bitte Sie, mir diese Kündigung schriftlich zu bestätigen.

Vielen Dank.

Mit freundlichen Grüßen

Max Mustermeier

Wie gehe ich im Alltag mit meinen Unterweisern und den Mitprakti-kanten um?

Natürlich will diese Überschrift – und ich – Ihnen nicht erzählen, welche Umgangsformen Sie gegenüber Ihren Kollegen, Unterweisern und Mitpraktikanten pflegen sollen. Ein wichtiges Thema ist jedoch das Miteinander und die Verständigung untereinander. Gerade dies trägt zu einem starken Teambuilding-Prozess bei und ist daher von großer Wichtigkeit. Denn nur wenn ein Team aktiv und gut zusammenarbeitet, kann es seine volle Kraft entwickeln.

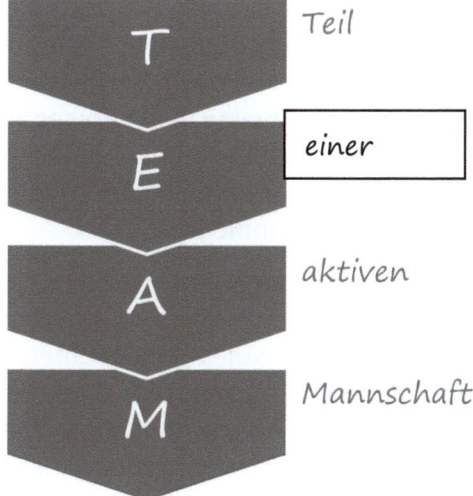

TEAM ist ein oft verwendetes Wort, welches jedoch genau zu klären ist. In unserem Zusammenhang steht TEAM für **T**EIL **E**INER **A**KTIVEN **M**ANNSCHAFT (vgl. Sportlermotivation im Leistungssport), was so viel bedeuten soll wie: Jeder trägt zum Gelingen des Erfolges bei. Bremst auch nur einer, wird die Dynamik des gesamten Umfeldes gebremst. Daher möchte ich ein paar Empfehlungen geben, welche mir als immanent wichtig erscheinen, um den Erfolg eines TEAMs gewährleisten zu können:

▶ Offenheit gegenüber den Teammitgliedern,

▶ der intrinsische Wille zum Erfolg,

▶ Selbstmotivation und der Wille, den Schwächsten mitzuziehen,

▶ der absolute Wille, im Tempo zu bleiben,

▶ das Ziel im Blick behalten.

Der erste Punkt fällt den meisten Mitgliedern eines Teams am schwersten, denn er erfordert ein hohes Maß an eigenem Willen, Verständnis und Persönlichkeit. Trotzdem ist er einer der wichtigsten Punkte in der obigen Aufzählung, denn nur wenn man offen miteinander umgeht, Fehler und Schwächen anspricht, kann es auch einen positiven Effekt haben. Werden Fragen/Probleme totgeschwiegen, schafft man nur weitere Hürden und Probleme.

Die folgenden Punkte sind ineinandergreifend. Sie beschäftigen sich mit dem aktiven Vorantreiben des Projektes und der gestellten Aufgabe. Wir alle kennen das, hat man sich erst mal in einem Projekt eingerichtet, geht man dieses oft nicht mehr so euphorisch an wie am Anfang. Dies kann jedoch der Niedergang sein. Daher erscheint mir der Spruch: **Immer im Tempo bleiben**, der bei Fußballern und sonstigen Sportlern als allgegenwärtig gilt, hier als der richtige.

 *Bleiben Sie sich und Ihrer Aufgabe treu und als Praktikant immer im Tempo.*

Ein Nachlassen von Euphorie und Engagement können Sie sich schlicht und ergreifend nicht leisten. Ein Praktikant muss immer motiviert sein. Deshalb ist es wichtig, dass Sie sich von eventuell bestehenden schlechten Stimmungen und Schwingungen nicht anstecken lassen. Sie müssen sich mit aller Macht gegen diese stellen und loyal bleiben.

Wie kann ich erkennen, ob meine Arbeit richtig und gut ist?

Diese Frage kann man auf zwei Arten beantworten. Zum einen bekommt man sehr schnell ein Feedback der Kollegen und des Unterweisers. Zum anderen sollten Sie sich immer selbst beurteilen.

Nun gibt es jedoch auch Unterweiser, die sich von selbst aus mit einem Feedback etwas schwer tun. Daher sollten Sie als Praktikant lernen, dieses einzufordern. Dies sollte in regelmäßigen Abständen gemacht werden (aber bitte nicht zu oft, alle vier bis sechs Wochen reicht völlig aus) und nicht überfallartig erfolgen. Der Feedbackgeber sollte immer die Chance haben, sich Gedanken über das qualifizierte Feedback zu machen. Auch sollte es in einem geeigneten Rahmen stattfinden. Daher empfiehlt es sich, hierfür einen Termin zu vereinbaren und diesen auch zu blocken. Damit bekommt das Feedback zwar einen etwas offiziellen Charakter, zeigt jedoch auch auf, wie wichtig Ihnen dieses ist und wie viel Nutzen dem Feedback zugemessen wird. Dem Unterweiser zeigt es, wie sehr Sie sich mit der Wichtigkeit Ihrer Ausbildung befassen und es lässt Ihre Ernsthaftigkeit erkennen. Des Weiteren ist der Unterweiser gezwungen, sich Gedanken über Sie als Praktikanten, Ihre Arbeit und Ihre Persönlichkeit zu machen.

Haben Sie das Feedback erhalten, sollten Sie die Inhalte tief und mehrere Tage reflektieren. Versuchen Sie, diese neutral aufzunehmen, ohne Emotion, und Ihre Schlüsse daraus zu ziehen. Sollten Sie hierfür Hilfe benötigen, fragen Sie die jeweiligen Kollegen. Zeigen Sie, dass Sie lernen wollen und alles tun, um gut zu sein.

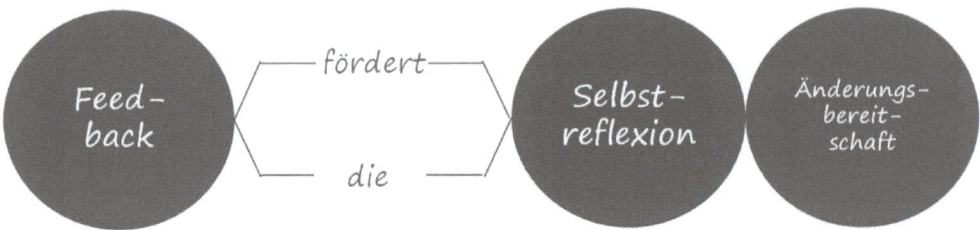

Die klassische Selbstbeurteilung ist schwieriger als das Feedback und deren Umsetzung. Denn selbst erkennt man Dinge oft nicht wie andere dies tun. Ich kann hier nur empfehlen, dass Sie ein Praktikantentagebuch (vgl. KUHN; vgl. VOSS) schreiben. Anhand dieses Tagebuchs können Sie reflektieren und Sie schaffen sich ein Gedächtnis der Ereignisse. Als weiteres Instrument gehört das Gespräch mit einer vertrauten Person (Familie, Freund etc.) dazu. Diese können neutrale und zielführende Anstöße zur Änderung geben.

Eine weitere Methode kann auch die Betrachtung aus einem anderen Sichtwinkel sein. Stellen Sie sich vor, Sie seien Ihr Unterweiser und Sie müssten sich selbst

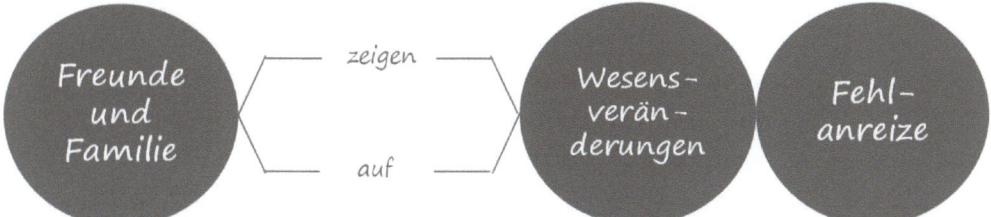

beurteilen. Seien Sie bei einer solchen Beurteilung immer strenger als zu anderen. Denn der Mensch neigt gerne dazu, sich selbst nicht mit der vollen Strenge zu beurteilen. Das milde Urteil ist zwar gut für die Seele, bringt Sie jedoch keinesfalls weiter. Nur wer hier Härte gegen sich selbst zeigt, wird als Sieger hervorgehen.

Auch hier gilt: Wenn Ihnen etwas auffällt, versuchen Sie, an den Schwachpunkten zu arbeiten. Dieses Abarbeiten offener Punkte ist z.B. mit einer To-do-Liste gut machbar. Beobachten Sie sich dabei genau, nicht, dass Sie nach einer gewissen Zeit wieder in alte Verhaltensmuster zurückfallen.

Wie kann ich mich selbst führen und führen lassen?

 *Über Führungsstile ist von vielen Fachleuten schon viel geschrieben worden. Ich verzichte daher darauf, hier das jeweilige Für und Wider der jeweiligen Führungsstile zu besprechen, und beschränke mich auf die Selbstführung, also das, was jeden Menschen selbst antreibt.*

Zunächst ist für jeden Praktikanten die Disziplin von großer Wichtigkeit. Nur wer mit einem hohen Maß an Disziplin und Selbstdisziplin ausgestattet ist, wird langfristig Erfolg haben. Die Selbstdisziplin schafft den Nährboden für Erfolg, denn sie ordnet unser Leben und unsere Gedanken. Dieses eigenkontrollierte Verhalten ist es, welches uns den Rahmen für unser Tun gibt und einen sicheren Ordnungszustand für diesen aufzeigt. Dabei ist Selbstdisziplin nicht mit Langweiligkeit, Biederkeit oder gar Verbissenheit zu verwechseln. Viele belegen den Begriff sehr positiv. Sie sollen lediglich das Ziel nicht aus den Augen verlieren. Denken Sie auch immer daran, dass Sie sich in einem Umfeld bewegen, in dem viele Sie beobachten. Das sollte Ihnen bewusst sein. Da kommt es auf ein hohes Maß an Disziplin an. Eskapaden, Emotionsentgleisungen und Ähnliches sind also absolute Tabus.

Dasselbe gilt für das Zuspätkommen, die Nichteinhaltung von Terminen, einen Laissez-faire-Umgang mit Projekten und Kollegen, einen „zu" frechen Umgangston oder auch dafür, sich nicht den Umgangsformen nach korrekt zu benehmen (vgl. TEMPLAR). Da Sie als Praktikant ständig unter Beobachtung stehen, sollten

Sie sich gleich ab dem ersten Tag mit dieser *„herausgestellten"* Rolle vertraut machen. Contenance und gutes Auftreten öffnen Ihnen viele Türen und helfen Ihnen auch bei der weiteren Selbstführung. Hier steht vor allem die Selbstmotivation im Vordergrund. Diese intrinsische Motivation ist es, welche Sie antreiben muss.

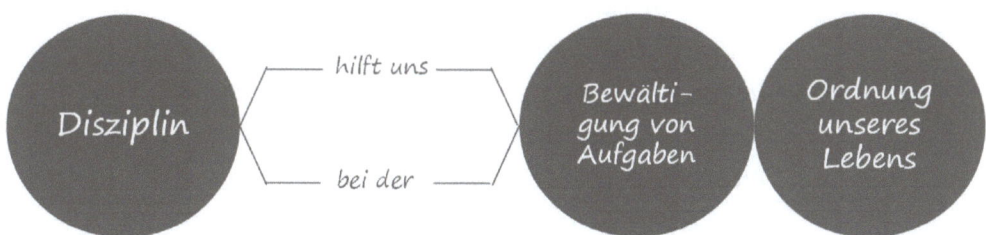

Der beste Weg zur Selbstmotivation ist, wenn man viel Spaß bei der Arbeit hat. Doch auch an Tagen, an denen es nicht so einfach ist, kann man sich selbst motivieren. Setzten Sie sich Tagesziele, die erreicht werden müssen. Stellen Sie sich großen Aufgaben und nehmen Sie diese an. Der Erfolg belohnt Sie. Und Sie sollten sich auch selbst belohnen (vgl. VOSS). Wenn Sie an einem Tag mit sich selbst und der geleisteten Arbeit zufrieden sind (und eventuell auch noch von Kollegen und Unterweisern gelobt wurden), gönnen Sie sich eine Kleinigkeit. Dabei ist es nur wichtig, dass Sie nicht übertreiben, denn Überheblichkeit, die daraus erwachsen kann, ist absolut kontraproduktiv. Doch an einem schönen Abendessen oder einem besonderen Wein, Kinoabend mit Freunden etc. ist nichts auszusetzen.

Planen Sie Ihre Ziele konkret!

Ziele spielen in unserem Leben eine große Rolle. Ohne Ziele sind wir planlos und teilweise auch antriebslos in unserem Leben unterwegs. Daher sollten Sie immer Ziele haben. Nur ein Ziel zu formulieren, ist nicht zielführend. Sie müssen das Ziel konkret planen. Das geht am ehesten mit dem von VOSS beschriebenen Drei-Stufen-Modell:

1 Ziele formulieren
2 Maßnahmen ableiten
3 Erfolg prüfen

Setzen Sie sich die Ziele so, dass diese herausfordernd, aber auch erreichbar sind. Die Nahziele und die Fernziele (langfristige Ziele) sollten Sie getrennt betrachten (vgl. VOSS) und dann gesondert angehen. Setzten Sie sich folglich für jedes Ziel einen Zeitplan. Achten Sie darauf, dass dieser realistisch ist und dass Sie die noch fernen Ziele nicht aus dem Blick verlieren. VOSS definiert Ziele als „*einen Vertrag mit sich selbst*". Diese Darstellung finde ich sehr zutreffend. Die Vertragstreue und die Erfüllungsbereitschaft zeigen auch die Wichtigkeit der eigenen Ziele und Vorstellungen auf.

Entwickeln Sie für sich ein schönes kleines Ritual zur Motivation. Das können morgendliche Gedanken bei der Fahrt ins Büro sein oder Ähnliches. Sie werden sehen, solche Rituale helfen über den Tag (vergleichbar der Meditation zum Tagesbeginn).

Rituale geben uns Halt

 Zugegeben, das klingt etwas sehr nach „*Soft-Skill-Overload*", aber probieren Sie es doch mal aus. Rituale helfen uns, Herausforderungen anzugehen, geben uns Sicherheit und Halt. Finden Sie Ihr eigenes Ritual und Sie werden erkennen, es hilft Ihnen auch bei der Bewältigung von Aufgaben. Wie ein solches Ritual für Sie ganz persönlich aussehen kann, müssen Sie selbst entscheiden. Vom Spaziergang bis zur Reflexion am Morgen etc. ist hier vieles denkbar.

Was bleibt, ist die Frage, wie man sich selbst führen lässt. Diese ist schwierig zu beantworten, da sie vielschichtig und nicht eindimensional ist. Es kommt auf die jeweilige Einstellung an. Daher kann man nur empfehlen, sich am Anfang eines Praktikums für viele Dinge offenzuhalten. Denn wer hier gleich „mauert" und „zumacht", wird es schwer haben. Der für mich angemessenste Führungsstil ist der der ermutigenden Führung, also eine Führung durch Ermutigung der Mitarbeiter.

Ermutigende Führung

Die ermutigende Führung setzt ein hohes Maß an Eigenverantwortlichkeit der Mitarbeiter und Vorgesetzten voraus. Durch das effektive Einsetzen von Motivation ist ein angenehmes Zusammenarbeiten möglich, und es schafft eine positive Atmosphäre. Wenn Ihr Supervisor bei Ihnen erkennen kann, was Sie motiviert, wird er (hoffentlich) darauf reagieren und dieses Führungsinstrument anwenden. Dies kann auch relativ einfach durch Sie mitgesteuert werden, indem Sie proaktiv und nicht reaktiv sind. Die Proaktivität zeigt auf, wie Sie geführt werden wollen. Sie suchen die Herausforderung, sind ergebnis- und lösungsorientiert, immer offen für Neues und Ihnen gefällt das Gefühl des Gefordertseins (vgl. Voss). Dies überträgt sich auch auf Ihren Außenauftritt und die Wahrnehmung der Beobachter.

Es kann auch durchaus hilfreich sein, eine SWOT-Analyse der eigenen Persönlichkeit durchzuführen. Der Ursprung der SWOT-Analyse liegt in der Strategiebewertung von Unternehmen. Dabei soll ein vielschichtiger Blick auf die jeweiligen Bereiche und Blickwinkel geschaffen werden, welcher am Ende ein gesamtheitliches Bild und eine Entscheidungsbasis schafft.

Hierzu rät auch Voss bei der Betrachtung und Bewältigung des Studiums. Die SWOT-Analyse ist jedoch auf viele Bereiche des täglichen Lebens übertragbar.

Nachfolgend erhalten Sie einen Eindruck über die zu stellenden Fragen (in Anlehnung an Voss, S. 40 ff.)

Stärken (Strengths)	▶ Welche Kenntnisse habe ich bereits erworben und kann diese im Praktikum einbringen?
	▶ Was liegt mir besonders gut?
	▶ Wofür wurde ich bislang gelobt?
	▶ Was macht mich persönlich stolz?
	▶ Was gehe ich besonders gerne und gut an?

	▶ Welche Werte treiben mich an?
	▶ Welche Stärken zeichnen mich aus?
Schwächen (Weaknesses)	▶ Was sind meine Unsicherheiten?
	▶ Was kann ich nicht so gut?
	▶ Was traue ich mir nicht zu?
	▶ Was macht mir Angst?
	▶ Was stimmt mich unzufrieden oder macht mir keinen Spaß?
Chancen (Opportunities)	▶ Wer kann mich am besten unterstützen?
	▶ Wie schaut der Zukunftsmarkt für mich aus?
	▶ Welche positiven Tendenzen kann ich erkennen?
Risiken (Threats)	▶ Welche Entwicklungen können mich behindern?
	▶ Was kann mir gefährlich werden?
	▶ Welche Stolpersteine sehe ich?

Tabelle: Aufbau einer SWOT-Analyse für Praktikanten (in Anlehnung an Voss, S. 40 ff.)

Wie Sie erkennen können, ist eine solche SWOT-Analyse über sich selbst ein hochkomplexes und zutiefst vertrauliches Instrument. Dennoch sollten Sie für diese eine vertraute Person finden, welche Sie mit einbinden können. Nur durch den neutralen, von außen aufgebauten Blick ist eine umfassende Analyse und vor allem ein realistischer Ausgang möglich (vgl. Voss, S. 40).

Doch die Analyse selbst reicht nicht aus. Es müssen auch Handlungsschritte daraus abgeleitet werden. Diese Handlungsschritte zielen vor allem auf den Punkt W (Schwächen) ab. Denn diese gilt es zu reduzieren und in den Punkt S (Stärken) zu überführen. Dabei ist das Erkennen und Angehen der Schwächen schon der erste Punkt, diese zu beseitigen. Ein weiterer nicht aus dem Blick zu verlierender Punkt ist, dass man sich auch seiner Stärken bewusst ist und diese weiter ausbaut. Wer sich auf den Stärken ausruht, wird schnell bemerken, dass diese schrumpfen und weniger werden. Daher gilt es, an den Schwächen zu arbeiten, ohne die Stärken aus dem Blick zu verlieren und weiterzuentwickeln.

Richtiges Fragen ist der Schlüssel zum Erfolg

Die beste Form zu fragen, ist überhaupt eine Frage zu stellen!

Oft haben Praktikanten eine große Scheu, Fragen zu stellen. Doch das ist ja gerade deren Job. Sie sollten Fragen stellen.

Der Masterstudiengang International Finance (IFM) der Hochschule für Wirtschaft und Umwelt in Nürtingen-Geislingen (HfWU) hat seinen Studierenden einen, wie ich meine, sehr treffenden Wahlspruch mit auf den Weg gegeben: Ewig Fragende sollt ihr sein. Ich bin mir sicher, dass dies alles umschreibt, worum es beim Menschsein geht.

Wir sind Fragende, die nach Antworten suchen. Und die Antwort führt uns zur nächsten Frage und so weiter ... Kurzum, wer nicht fragt bleibt dumm! Daher muss ein Praktikant so viele Fragen wir möglich stellen.

Die beste Form ist immer die offene Frage, wie z.B.: Wofür benötigen wir dies? Diese Frageform zwingt den Antwortenden dazu, offen und ausführlich zu antworten. Stellt man eine geschlossene Frage: Geht es Ihnen gut?, lautet die Antwort: Ja. So bekommt man nur wenige Informationen. Da der Praktikant jedoch viel lernen will, ist das Stellen von offenen Fragen immer zu bevorzugen (vgl. ALLHOFF/ALLHOFF).

Fragen

So viel wie möglich.

So oft wie möglich.

So offen wie möglich.

Antworten

So konkret wie möglich.

So umfassend wie möglich und nötig.

Reflexion

So umfassend wie nur möglich.

Denken Sie dabei auch „um die Ecke".

Wissenstransfer.

Leiten Sie eine Frage nicht mit **Darf ich eine Frage stellen?** ein. Das ist eine typisch deutsche Todsünde der Sprache, denn die Antwort darauf lautet *Nein*. Damit wäre das Gespräch beendet und Sie hätten Ihr Ziel verfehlt. Abgesehen davon haben Sie ja soeben bereits eine Frage gestellt. Also haben Sie keine Scheu und fragen Sie immer frei heraus. Sie erkennen schon, wenn es Ihrem Gegenüber zu dumm oder zu viel wird. Dann „vertagen" Sie Ihre Fragen. Bitte schreiben Sie diese auf, ansonsten gehen sie verloren und das wäre mehr als schade.

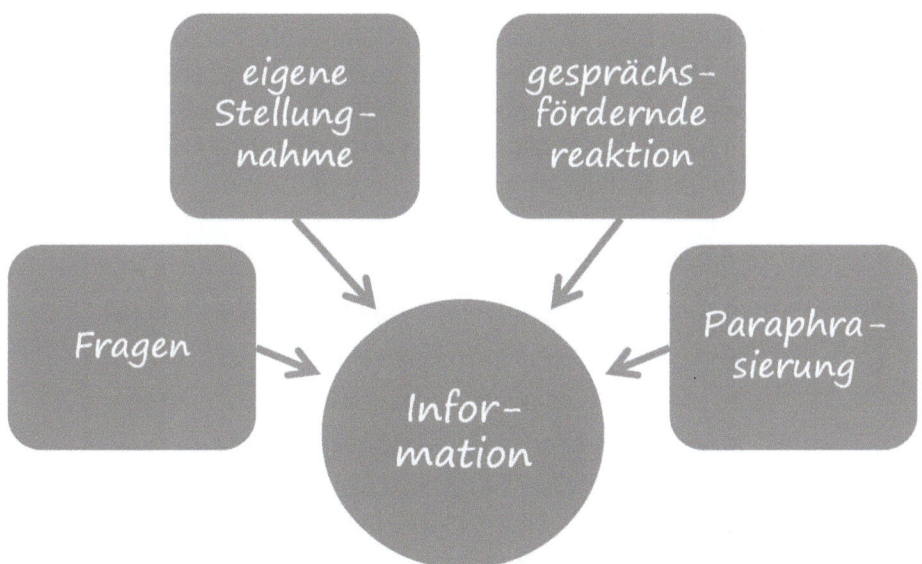

Abb.: Wege zur Information (nach ALLHOFF/ALLHOFF, S. 178)

Nach ALLHOFF/ALLHOFF gibt es vier Wege zur Information. Neben der klassischen Frage sind die eigene Stellungnahme, die Paraphrasierung und die gesprächsfördernde Reaktion zu nennen. Welche die in Ihrem Fall zielführendste ist, müssen Sie selbst entscheiden. Die klassische Frage ist die einfachste, gefolgt von der gesprächsfördernden Reaktion und der Stellungnahme. Hier kann ich nur an jeden Praktikanten appellieren, sich der Aufgabe der Informationsbeschaffung zu stellen und die einzelnen Szenarien auszuprobieren. Sie werden schnell erkennen, dass Sie Erfolg haben.

Ein weiteres Stilelement im Praktikum kann und muss ein Lehrgespräch sein. Dieses ist unter anderem dazu da, um Ihnen fachliche Information zu geben und Sie zu unterrichten. Jedoch sollte dieses Lehrgespräch keine reine Sendeveranstaltung sein. Gerade in einem solchen Rahmen kann man viele Fragen platzieren und ausgiebig beantwortet bekommen. Daher sollten Sie die Chance eines solchen immer ergreifen und dieses ggf. auch nett einfordern.

Was beinhaltet ein Lehrgespräch?

Ein Lehrgespräch soll, wie der Name schon ankündigt, der Lehre dienen. Es soll also ein Wissensvermittlungsgepräch zu einem oder mehreren Themenbereichen sein. Normalerweise wird in einem Lehrgespräch anhand eines praktischen Beispiels ein Sachverhalt erklärt, welcher dann auch praktisch zur Umsetzung kommen kann. Dabei soll Theorie und Praxis miteinander verbunden werden. Daher findet in einem Lehrgespräch nicht selten eine Zweiteilung statt. Zuerst erfolgt ein theoretischer Block, in dem der Sachverhalt in der Theorie erläutert wird, und dann leitet man zu einem praktischen Block über, in welchem dem Praktikanten die Umsetzung in der Praxis nähergebracht wird. Ein Lehrgespräch kann daher zeitlich weit über eine oder zwei Stunden hinausgehen.

Sollten Ihnen beim Lesen von Literatur und Artikeln Fragen aufkommen, schreiben Sie diese auf und/oder nehmen Sie die Quelle mit und fragen nach. Hierbei müssen Sie jedoch so fair sein, dem Gefragten kurz Zeit zu geben, sich in den Sachverhalt einzudenken.

Fragen sind der Schlüssel zur Erkenntnis. Daher stellen Sie so viele und so komplexe Fragen wie nur möglich! Es ist Ihr Nutzen, welcher daraus erwächst.

Lächeln Sie mal wieder!

Wichtig ist, dass man entspannt ist und auch gerne mal lächelt und den Blickkontakt zu seinem Gegenüber sucht. Geben Sie sich entspannt und locker. Sie müssen vor nichts und niemandem Angst haben und auch nicht den ganzen Tag total angespannt sein. Versuchen Sie, sich zu entspannen und schauen Sie bei Gesprächen dem Gegenüber in die Augen. Dies kann am Anfang etwas schwierig sein, aber Sie werden sehen, das lernen Sie. Und Sie werden erkennen, dass es Ihnen die Türen öffnet. Wer Angst hat, versperrt sich viele Wege selbst. Denn diese Angst blockiert Sie (vgl. VOSS). Daher gehen Sie selbstsicher ans Werk. Die anderen tun es auch. Oder frei nach CHARLIE CHAPLIN: „**Ein Tag, an dem Du nicht lächelst, ist ein verlorener Tag.**"

Wie erreiche ich mein Ziel?

Am besten kommt man an ein Ziel, wenn man dieses fest vor Augen hat, jedoch jederzeit bereit ist, dafür einen Umweg zu gehen. Wer behauptet, dass seine Karriere immer geradeaus und ohne einen Umweg verlaufen ist, hatte entweder super viel Glück oder flunkert an dieser Stelle etwas. Denn meist sind Umwege zu gehen. Doch auf diesen Umwegen lernt man viel Neues kennen, und man kann dies später gegebenenfalls gewinnbringend einsetzten. Daher ist in jedem Umweg auch oft ein wichtiger Teil des Hauptweges enthalten. Doch kommen wir zurück zu Ihrem Praktikum. Versuchen Sie, sich am Anfang des Praktikums einen Plan zu machen, was Sie alles sehen und erleben möchten. Dies macht es ihnen einfacher, das Praktikum zu koordinieren. Ok, zugegeben, das klingt sehr vereinfacht. Es ist dennoch sehr hilfreich. Sie werden mit viel mehr Unwägbarkeiten konfrontiert werden, als Sie sich heute vorstellen können. Dabei ist es jedoch wichtig, dass Sie Ihr Ziel nicht aus den Augen verlieren. Auch wenn es mehr Arbeit sein wird, welche Sie zum Schluss aufwenden müssen. Sie werden mehrfach an Grenzen geführt, die sich i.d.R. nach und nach in eine höhere Belastung steigern lassen.

Die grundlegende Frage, welche man sich bei dieser Vorgehensweise jedoch stellen muss, ist: **„Was ist mein Ziel?"** Viele sehen als Ziel ein unspezifisches „Irgendwas", z.B. den positiven Abschluss des Praktikums. Das ist ja fein, jedoch nicht konkret genug. Daher sollte man hier versuchen, sehr genau zu sein. Ziel ist es, das Praktikum gut abzuschließen, dabei folgende Inhalte zu erlernen und zu verstehen und z.B. eine Zukunftsperspektive in der Firma zu haben. Die Zielplanung sollte stärker gerastert werden. Denn wie so oft, wenn man nicht ins Detail einsteigt, geht dieses auf dem Weg ins Ziel verloren und ist somit nicht mehr zu erreichen. Des Weiteren ist eine Art Review-Plan ein gutes Instrument, um zu sehen, wo man ist, denn die planbaren Dinge kann man darin aufnehmen und dann sozusagen nach Erreichen abhaken. Der Review-Plan sollte jedoch nicht nur die Tasks beinhalten, sondern auch einen Aktionsplan. Denn was bringt die tollste Liste, wenn man nicht weiß, wie man ans Ziel kommt.

Vorhaben	Aktionsplan	Stolpersteine auf dem Weg?	Erledigungs-vermerk
Projekt-mitarbeit im Strategieprojekt	Ausarbeiten eigener Gedanken	abgeblockt zu werden	am 1.11.2013 erfolgt; tolles Meeting; wurde gut aufgenommen.
Außer-Haus-Termin teilnehmen	Erklärleitfaden warum man dabei sein will	keine ausreichende Vorbereitung	
...	...	...	...

Das Feld der *Stolpersteine* (nicht *Probleme*, immer positiv bleiben) wurde absichtlich in den Plan aufgenommen. Denn kann man diese bereits im Vorfeld erkennen und isolieren, ist mit diesen deutlich einfacher umzugehen. Auch wenn ein Punkt nicht erfüllt werden kann, zählt dieses Feld zur Beurteilung, woran es gelegen haben kann. Es ist sozusagen das Lernfeld und zeigt auch auf, ob der aufgestellte Aktionsplan zielführend war oder nicht. Der Plan ist übrigens nicht in Stein gemeißelt. Er ist folglich permanent zu überprüfen und gegebenenfalls anzupassen und lebt so mit den Entwicklungen im Praktikum mit, denn auch die Sichtweisen und die Überlegungen ändern sich im Verlauf des Praktikums. Daher sollte man den Plan nicht als fix und starr ansehen, sondern eher als kreative Grundlage und als ein Raster, an dem man sich orientieren kann. Bemerkt man, dass das Praktikum gut läuft und man auch ohne große Planung den Erfolg haben kann, sollte man sich die Arbeit nicht machen. Ist das jedoch nicht der Fall, so lohnt es sich, hier etwas mehr Zeit zu investieren und gegebenenfalls auch einmal mit dem Unterweiser über den Plan zu sprechen. Ob man als Praktikant diese Öffnung durchführen möchte, ist jedem selbst überlassen.

Warum es keine Probleme, sondern Stolpersteine und Herausforderungen sind!

Wer in Problemen denkt, denkt negativ. Sie sollen jedoch eigenmotiviert und positiv an die Themen herangehen. Daher versuchen Sie von Begriffen wie Probleme etc. Abstand zu nehmen. Ein Stolperstein lässt sich viel einfacher aus dem Weg räumen als ein Problem, das sich gleich nach Bergen voller Sorgen anhört. Tipp: **Wer positiv denkt, kommt schneller und besser an sein Ziel!** (vgl. VOSS)

Wie führe ich Gespräche?

Das Gespräch ist eines der wichtigsten Instrumente eines Praktikanten gegenüber seinen Unterweisern und seinen Ausbildern. Denn über das Gespräch kommt der Praktikant an die gewünschten Informationen und kann vor allem Kontakt zum Unternehmen auf einer persönlichen Ebene schaffen. Oftmals wird dieser persönliche Kontakt unterschätzt. Doch gerade dieser ist es, welcher zu einem Großteil mitentscheidet, ob Sie wiederkommen dürfen oder nicht. Man könnte auch formulieren, dass man fachliche Themen an viele vermittelt bekommt, jedoch die persönliche Chemie nicht. Daher ist das Gespräch von immanenter Wichtigkeit, leider jedoch auch nicht wirklich zu beeinflussen. Das einzige, was man hier anraten kann, ist, dass man versucht, auf die jeweiligen Gesprächspartner einzugehen.

Gespräche unterscheiden sich. Sollten Sie als Praktikant an einer großen **Gesprächsrunde** teilnehmen dürfen (die eventuell auch noch einen offiziellen Charakter besitzt), sollten Sie sich mit Gesprächsinhalten zurückhalten. Hier gilt am ehesten die Devise: ich spreche nur, wenn ich gefragt werde. In einem bilateralen Gespräch steht der Dialog im Vordergrund. Hier sollen Sie ja gerade den Gesprächsanteil haben. Doch auch hier gilt, lassen Sie Ihr Gegenüber zu Wort kommen. Dies gilt vor allem für Themen, die er besprechen möchte.

Handelt es sich um ein **Kritikgespräch**, so gelten für dieses noch zwei weitere Besonderheiten. Versuchen Sie, ohne Emotionen zu antworten und zu reagieren. Nehmen Sie die Kritik sachlich auf und versuchen Sie, nicht in einen Rechtfertigungsdrang zu verfallen. Natürlich ist es absolut notwendig, Richtigstellungen auszutauschen und auch Ihre Meinung dazu abzugeben. Verfallen Sie jedoch nicht in die **Ja, aber!-Haltung**. Diese führt Sie eher in eine Abwärtsspirale. Sollten Sie jedoch in diese Falle getappt sein, so ist dies auch kein großer Beinbruch, wenn Sie es frühzeitig erkennen und das ganze mit einem einfachen *UND* durchbrechen.

Ich glaube, hier ist ein Beispiel vonnöten:

Ein Dialog zwischen Mutter und Kind ist hier am beispielhaftesten:

Ich esse meine Suppe nicht. Iss deine Suppe! Aber ich mag nicht! Iss deine Suppe! Aber ich habe keinen Hunger! Aber ich will dass du deine Suppe isst ...

Dieses Spiel kann nun noch ewig weitergehen.

Besser wäre:

Ich esse meine Suppe nicht. Iss deine Suppe!
Aber ich mag nicht! Iss deine Suppe! Aber ich
habe keinen Hunger! Und ich habe dennoch
gekocht und möchte, dass Du sie isst.

Das *UND* durchbricht das **„Aber-Problem"** und die Spirale wird durchbrochen. Dieses Prinzip muss etwas geübt werden, ist aber äußerst wirkungsvoll. Bitte verwenden Sie aber nicht zu viele Imperative. Das *UND* hilft Ihnen vor allem immer dann, wenn Sie ihren Standpunkt verfestigen müssen. Ziehen Sie aus dem Kritikgespräch einen Schluss für die Zukunft. Die Vergangenheit können Sie nicht mehr ändern. Bitten Sie aktiv um eine Weiterbegleitung auf Ihrem Weg.

Die meisten Gespräche werden hauptsächlich jedoch viel einfacher verlaufen. Was Sie jedoch immer machen sollten, sobald ein Gespräch für Sie große Bedeutung hat: Machen Sie sich ein paar Notizen, damit Sie nichts vergessen. Des Weiteren sollten Sie sich auf komplexere Gespräche vorbereiten. Dies gilt vor allem auch für die Lehrgespräche. Denn der Nutzen für Sie als Praktikant steigt mit einer Vorbereitung deutlich an und Sie laufen nicht Gefahr, dass Sie etwas Wichtiges vergessen. Außerdem geben Sie Ihrem Gegenüber auch ein positives Signal.

Die Gespräche sollten immer in einer guten Umgebung geführt werden. Das können Sie mitunter steuern. Wenn es Ihnen wichtig ist, sich mit einem Gesprächspartner auszutauschen, sollten Sie diesem auch die Möglichkeit der Reaktion geben. Überfallartige Gespräche auf dem Flur zählen hier nicht dazu. Dann schon eher die Frage, Herr XY, darf ich später mal zu Ihnen ins Büro kommen? Ich hätte da eine Fachfrage. Wann passt es Ihnen denn? Zu 50% lautet die

Antwort wahrscheinlich: Kommen Sie doch gleich mit. Aber der Gesprächspartner hat diese Entscheidung getroffen. Nicht Sie! Ein solcher Einstieg erleichtert Ihnen das Gespräch.

Merke

Die Gesprächsführung ist für den Erfolg ebenso verantwortlich wie der Inhalt des Gesprächs.

Wie gehe ich in Gespräche und welche Vorbereitung brauche ich?

Gerade bei komplexen Gesprächen sollten Sie sich auf den Inhalt vorbereiten. Bei Lehrgesprächen sind dies die fachlichen Themen, welche Sie sich im Vorfeld schon angelesen haben und Ihre Fragen dazu formuliert haben sollten. Ein Lehrgespräch ist keine Sendeveranstaltung, bei der der Praktikant als Konsument auf seine Informationen wartet. Daher empfiehlt es sich sehr, das Gespräch fachlich tief vorzubereiten. Dasselbe gilt für die Nachbereitung. Auch hier sollte man etwas Zeit investieren. Es lohnt sich und die Früchte der Arbeit werden bald zu ernten sein.

Merke

Als Grundregel kann man sagen, je komplexer ein Gesprächsinhalt ist, desto länger und tiefer sollte man sich vorbereiten. Sie sollten vor dem Gespräch dessen In–

*halt erfragen und sich somit die Chance
der Vorbereitung schaffen.*

Eine schriftliche Vorbereitung ist – meiner Meinung nach – die zielführendste Vorbereitung. Denn was man erdacht und zu Papier gebracht hat, hat man anders verinnerlicht als das nur Erdachte. Die Vorbereitung ist im Gespräch selbst nicht das Thema, sondern nur der Inhalt.

Im letzten Drittel des Gesprächs sollten Ihre Fragen beantwortet werden. Darauf sollten Sie achten. Denn es bringt nichts, wenn Sie mit Ihrem unbeantworteten Fragenkatalog wieder aus dem Gespräch gehen. Daher stellen Sie diese offen oder führen Sie das Gespräch darauf hin.

Diese Gesprächsvorbereitungen sind, sollten Sie dies führen, ein Teil Ihres Praktikantentagebuchs. Die Gespräche sind kleine Projekte für Sie, daher gehören diese hier mit hinein.

Sollten Sie sich auf ein spezielles Gespräch wie z.B. auf ein Kritikgespräch oder ein Feedback-Gespräch vorbereiten, ist hier die oberste Devise, emotionslos und sachlich an das Thema heranzugehen. Stellen Sie für sich auch eigene Pro- und Kontrapunkte auf. Anhand dieser können Sie den Gesprächsablauf schon einmal modellieren bzw. durchspielen. Dann sammeln Sie in diesem Argumente. Ein solches Durchspielen macht Sie fit für eventuell auf Sie zukommende Argumente und Einwände. Diese Methode ist übrigens auch bei anderen Gesprächen mit komplexem Inhalt anwendbar, z.B. wenn ein Mitarbeiter will, dass Sie einen Kunden anrufen. Machen Sie sich für fünf Minuten Gedanken, welche Argumente und Reaktionen man nun am Telefon erwarten kann. Legen Sie sich Ihre Gedanken zurecht und Sie werden recht einfach und zielgesteuert durch das Gespräch gehen, denn Sie haben alles schon durchdacht und können aus einer „Erfahrung" heraus reagieren.

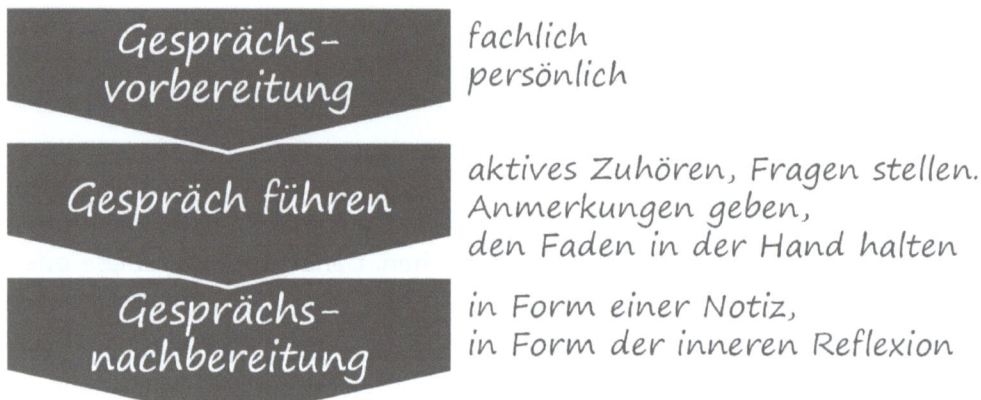

Gesprächs-vorbereitung — fachlich persönlich

Gespräch führen — aktives Zuhören, Fragen stellen. Anmerkungen geben, den Faden in der Hand halten

Gesprächs-nachbereitung — in Form einer Notiz, in Form der inneren Reflexion

Wie nehme ich am besten Informationen auf und welche sind für mich wichtig?

Hier hat jeder eine eigene Art zu lernen und sich Informationen anzueignen. Die von mir bevorzugte ist die des Durchdenkens und Aufschreibens des Gedachten, denn durch die schriftliche Darstellung der Gedanken werden diese stärker verinnerlicht. Sie haben dann **g**edacht, **g**eschrieben und **g**elesen. Diese Trias (der drei G) bereitet meiner Ansicht nach sehr gut vor, da Sie mit allen Sinnen arbeiten. Es handelt sich jedoch um einen etwas zeitaufwendigen Arbeitsschritt. Doch diese Zeit ist gut investiert, da Sie tief in die Materie einsteigen und nicht so schnell vergessen, zumal wenn das Geschriebene verdaut wird.

Das schon mehrfach in diesem Buch angesprochene **Praktikantentagebuch** ist es, welches ich an dieser Stelle etwas näher beleuchten will. Denn dieses kann Ihnen gute Dienste tun. Was sollte es alles beinhalten? Neben den Vorbereitungen zu Gesprächen, den Aktionsplänen und Ihren Notizen aus Lehrgesprächen gehört gerade das Sammeln von Informationen über den Tag hin in das Tagebuch. Denn beim **Training On The Job** bekommen Sie so viele Informationen mit, die sonst auch schnell wieder in Vergessenheit geraten können. Gerade auch besondere Ideen von Kollegen, Gesprächsansätze etc. sollten Sie hier sammeln. Dies kann Sie in einer ähnlichen Situation weiterbringen. Des Weiteren gehört auch die jeweilige Fachinformation in das Tagebuch. Daher würde ich dieses nicht nach Kalendertagen führen, sondern nach Fachthemen und in Unterkategorien nach Sachverhalten und Zusammenhängen.

Da ein Tagebuch in Papierform oft etwas unübersichtlich und schwer zu systematisieren ist, ist es sehr zu empfehlen, das Tagebuch neben einer papierhaften Form, welche man im Büro dabei hat, in eine digitale Form zu übertragen. Allein die Möglichkeit der Stichwortsuche erleichtert hier vieles.

Die Verabschiedung

Irgendwann ist auch das schönste Praktikum zu Ende. Doch gerade die Abschiedsphase ist nochmals entscheidend, denn ein guter Schluss ziert im Leben nun einmal alles. An den letzten bleibenden Eindruck wird man sich erinnern.

Ein guter Schluss ziert alles!

Es ist Schluss! Nein, ganz so dramatisch wollen wir es nicht werden lassen. Doch ca. zwei bis vier Wochen vor dem Praktikumsende sollten Sie sich schon Gedanken darüber machen, wie Sie aus dem Unternehmen gehen möchten. Vielleicht sind Sie auch froh, da nie mehr hingehen zu müssen. Das kann auch eine Erkenntnis sein. Dennoch ist es wichtig, dass man sich anständig verabschiedet, denn was im Leben gilt, gilt im Berufsleben noch viel stärker. Man sieht sich immer zweimal! Daher sollte ein netter und vor allem persönlicher Abschluss Ihr Ziel sein. Sie wollen ja eventuell auch noch mit dem einen oder anderen Kollegen in Kontakt bleiben. Dies gilt gerade dort, wo man gute Chancen auf ein Weiterkommen erkennen kann.

Wie nehme ich Abschied?

Nun, das kommt auf die Situation an, in der man geht. Von einem lustigen kleinen Ausstand bis hin zu einer formalen Verabschiedung ist hier vieles möglich. Wichtig ist nur, dass Sie hier als Mensch und Charakter zum Vorschein kommen.

 *Vor allem mit den Personen, mit denen Sie in Kontakt bleiben wollen, ist es wichtig, die Daten auszutauschen (wenn nicht schon geschehen) und zu*

klären, wann und wo man sich wieder-
sehen kann. Dies ist auch der Augenblick, in dem Sie Emotionen zeigen
können.

Die Abschlussbeurteilung

Das Beurteilungsgespräch ist sozusagen der Höhepunkt des Verabschiedungsri-
tuals. Diesem sind in der Regel Zwischengespräche vorausgegangen, die den
Inhalt des Beurteilungsgespräches bilden. Gehen Sie immer **mit emotionalem
Abstand** und **sachlich** an diese Gespräche. Bereiten Sie sich jedoch darauf vor.
Einen Teil des Beurteilungsgespräches bildet die Reflektion des Beurteilten auf
das Team und seinen Einsatz als Praktikant. Hier ist nun Ihre Meinung aktiv gefragt. Hier können Sie loben oder auch negative Seiten ansprechen.

Aber: Bitte keine Generalabrechnung auf-
machen. Diese würde man Ihnen als
Schwäche auslegen, denn Sie hätten ja
genug Zeit gehabt, die Punkte vorher an-
zusprechen. Dennoch sollten Sie mit Ihrer
Meinung nicht hinter dem Berg halten.

Wichtig ist, dass das Beurteilungsgespräch in einem ruhigen, einvernehmlichen
und angenehmen Rahmen geführt wird. Es ist die Zeit der Reflektion. Das dort
Besprochene findet sich im Praktikantenzeugnis wieder. Daher nutzen Sie dieses

Gespräch, um auch nochmals für sich Werbung zu machen. Eine überzogene Selbstdarstellung und Ähnliches sind jedoch völlig fehl am Platz.

Im Beurteilungsgespräch können Sie z.B. positive Signale hinsichtlich einer gewünschten Wiederkehr in das Unternehmen und Team senden. Gehen Sie dabei offen auf Ihren Unterweiser zu. Sie können hier den Boden für Ihre zukünftigen Schritte bereiten. Sprechen Sie diesen Wunsch auch gerne offen an und fragen Sie nach, ob denn die Möglichkeit besteht, z.B. als Werkstudent oder als Trainee wiederzukommen. Wer fragt, bekommt auch Antworten.

Was ist wichtig zum Schluss?

Neben dem klassischen Verabschieden ist es wichtig, dass Sie beginnen, Ihr Netzwerk zu sichern. Fragen Sie nach den Kontaktdaten, ob Sie sich melden dürfen etc. Das bringt Sie in der Zukunft weiter. Sie waren Teil eines aktiven Teams. Nun wollen Sie als Follower nah dranbleiben.

Neben dem persönlichen Kontakt zu den Kollegen gelingt dies in der Regel gut über den fachlichen Austausch und durch zeitweise Präsenz vor Ort. Also schauen Sie doch einfach ab und zu vorbei. Bei einem Kaffee kann man viele Informationen austauschen.

Arbeitszeugnis

Das Arbeitszeugnis (wie auch das Praktikantenzeugnis) liest sich vielfach eher wie ein Dschungel von Verklausulierungen und Floskeln. An dieser Stelle will ich hier etwas Licht ins Dunkel bringen und Standardsätze in ein vertretbares Raster (von sehr gut bis ausreichend) übertragen. Dabei stammen die angegebenen und von mir ausgewählten Formsätze aus dem Arbeitszeugnisgenerator (Quelle: Arbeitszeugnisgenerator.de).

Die Bewertung gliedert sich in die Bereiche:

▶ Fachwissen

▶ Leistungsbereitschaft

▶ Arbeitsweise

▶ Arbeitsqualität

▶ Belastungsfähigkeit

Und endet immer in einer **Gesamtbeurteilung** und der berühmten oft vollaussagekräftigen **Schlußformulierung**.

Fachwissen	sehr gut	Mit seinem umfangreichen und äußerst fundierten Fachwissen erzielte er stets deutlich überdurchschnittliche Erfolge.
	gut	Mit seinem umfangreichen und fundierten Fachwissen erzielte er stets gute Erfolge
	befriedigend	Er wendete sein Fachwissen mit Erfolg in seinem Arbeitsgebiet an.

	ausreichend	Er beherrschte seinen Arbeitsbereich entsprechend den Anforderungen.
Leistungs-bereitschaft	*sehr gut*	Er war hochmotiviert und zeigte ein außerordentlich hohes Maß an Initiative und Leistungsbereitschaft.
	gut	Herr Muster war ein stets motivierter Mitarbeiter. Schwierige Aufgaben ging er mit Elan an und fand dabei sinnvolle und praktikable Lösungen.
	befriedigend	Herr Muster war motiviert und zeigte auch bei schwierigen Aufgaben Initiative und Engagement.
	ausreichend	Herr Muster zeigte auch Initiative und Engagement.
Arbeitsweise	*sehr gut*	Auch in Situationen mit extrem hohem Arbeitsanfall erwies sich Herr Muster als sehr belastbarer Mitarbeiter und ging jederzeit überlegt, ruhig und zielorientiert vor.
	gut	Auch bei sehr hohem Arbeitsanfall erwies sich Herr Muster als belastbarer Mitarbeiter und ging überlegt, ruhig und zielorientiert vor.
	befriedigend	Dabei war er auch hohem Zeitdruck und Arbeitsaufwand gewachsen.

	ausreichend	Dabei war er üblichem Zeitdruck und Arbeitsaufwand gewachsen.
Gesamtbeurteilung	*sehr gut*	Herr Muster hat die ihm übertragenen Aufgaben stets zu unserer vollsten Zufriedenheit erledigt.
		oder
		Herr Muster hat seine Aufgaben stets zu unserer vollsten Zufriedenheit erledigt und unseren Erwartungen in jeder Hinsicht optimal entsprochen.
		oder
		Herr Muster hat unsere Erwartungen stets in jeder Hinsicht erfüllt. Wir waren mit seinen Leistungen jederzeit äußerst zufrieden.
	gut	Herr Muster hat die ihm übertragenen Aufgaben stets zu unserer vollen Zufriedenheit erledigt.
		oder
		Herr Muster hat seine Aufgaben stets zu unserer vollen Zufriedenheit erledigt und unseren Erwartungen in jeder Hinsicht gut entsprochen.
		oder

		Herr Muster hat unsere Erwartungen stets gut erfüllt. Wir waren mit seinen Leistungen jederzeit zufrieden.
	befriedigend	Herr Muster hat die ihm übertragenen Aufgaben zu unserer vollen Zufriedenheit erledigt.
		oder
		Herr Muster hat seine Aufgaben zu unserer vollen Zufriedenheit erledigt und unseren Erwartungen in jeder Hinsicht entsprochen.
		oder
		Herr Muster hat unseren Erwartungen voll entsprochen.
	ausreichend	Herr Muster hat die ihm übertragenen Aufgaben zu unserer Zufriedenheit erledigt.
		oder
		Herr Muster beherrschte seinen Arbeitsbereich entsprechend den Anforderungen.
		oder
		Herr Muster hat unseren Erwartungen entsprochen.

	mangelhaft	Herr Muster erfüllte seine Aufgaben im Allgemeinen zu unserer Zufriedenheit.
		oder
		Herr Muster hat weitestgehend unseren Anforderungen entsprochen.
	ungenügend	Herr Muster bemühte sich, unseren Anforderungen zu entsprechen.
		oder
		Herr Muster war stets bemüht, unseren Anforderungen gerecht zu werden.

Das wichtigste ist jedoch i.d.R. die **Verabschiedungsformel**. Denn aus dieser kann man viel herauslesen. Hier sind gängig:

sehr gut	Wir danken Herrn Muster für die stets hervorragende Zusammenarbeit und bedauern es sehr, ihn als Mitarbeiter zu verlieren. Für seinen weiteren Berufs- und Lebensweg wünschen wir ihm alles Gute und auch weiterhin viel Erfolg.
	oder
	Wir danken Herrn Muster für die stets hervorragenden Leistungen und bedauern sein Ausscheiden sehr. Wir sind davon über-

	zeugt, dass er auch in der Zukunft außerordentliche Erfolge erzielen wird.
gut	Wir danken Herrn Muster für seine wertvolle Mitarbeit und bedauern es, ihn als Mitarbeiter zu verlieren. Für seinen weiterer Berufs- und Lebensweg wünschen wir ihm alles Gute und auch weiterhin viel Erfolg.
	oder
	Wir danken Herrn Muster für die stets guten Leistungen und bedauern sein Ausscheiden sehr. Wir sind davon überzeugt, dass er auch in der Zukunft außerordentliche Erfolge erzielen wird.
befriedigend	Wir danken Herrn Muster für die erbrachte Leistung und wünschen ihm für die Zukunft weiterhin alles Gute.
	oder
	Wir danken Herrn Muster für sein Wirken und bedauern sein Ausscheiden. Wir sind überzeugt, dass er auch in der Zukunft gute Erfolge erzielen wird.
ausreichend	Wir wünschen Herrn Muster für die Zukunft alles Gute.
	oder
	Wir danken Herrn Muster für die Zusammenarbeit.

Wie man erkennen kann, ist das Aussprechen eines Bedauerns von fundamentaler Wichtigkeit. Denn dieses drückt vollumfänglich ein positives Gesamtbild aus. Hintergrund der teilweise sehr harmlos klingenden Formulierungen ist, dass ein Arbeitszeugnis vom Arbeitgeber wohlwollend ausgestellt werden soll. Da die Floskeln jedoch bei den Führungskräften bekannt sind, kann man über diese die gewünsche Information streuen.

Arbeitszeugnis

> Herr Max Muster, geboren am 01.01.1980 in Berlin, war vom 01.01.2008 bis 30.03.2012 als Mitarbeiter im Bereich Controlling in unserem Unternehmen beschäftigt.
>
> Die Muster AG, gegründet 2007, spezialisiert sich auf Back-end-Services im Online-Gaming-Bereich und hat sich innerhalb kürzester Zeit zu einem führenden Dienstleister in diesem Segment etabliert. Mit unseren zwei Standorten in Musterstadt und Beispieldorf bedienen wir zahlreiche Kunden unterschiedlicher Größe.
>
> Er übernahm im Wesentlichen die folgenden Aufgaben:
>
> Controlling von Geschäftsbereich A
>
> P&L Controlling
>
> …
>
> Er verfügt über ein äußerst umfassendes und hervorragendes Fachwissen, das er zur Bewältigung seiner Aufgaben stets sehr sicher und erfolgreich einsetzte. Herr Muster war ein stets äußerst motivierter Mitarbeiter. Schwierige Aufgaben ging er mit großem Elan an und fand dabei immer

sinnvolle und praktikable Lösungen. Er führte alle Aufgaben stets selbständig, äußerst sorgfältig und planvoll durchdacht aus. Auch in Situationen mit extrem hohem Arbeitsanfall erwies sich Herr Muster als sehr belastbarer Mitarbeiter und ging jederzeit überlegt, ruhig und zielorientiert vor. Seine Arbeitsergebnisse waren, auch bei wechselnden Anforderungen und unter sehr schwierigen Bedingungen, stets von sehr guter Qualität. Herr Muster hat seine Aufgaben stets zu unserer vollsten Zufriedenheit erledigt und unseren Erwartungen in jeder Hinsicht optimal entsprochen. Gegenüber Vorgesetzten, Mitarbeitern und Kunden verhielt Herr Muster sich stets vorbildlich. Er trug zu einer hervorragenden und effizienten Teamarbeit bei.

Herr Muster verlässt unser Unternehmen auf eigenen Wunsch.

Wir danken Herrn Muster für die stets hervorragende Zusammenarbeit und bedauern es sehr, ihn als Mitarbeiter zu verlieren. Für seinen weiteren Berufs- und Lebensweg wünschen wir ihm alles Gute und auch weiterhin viel Erfolg.

Sehr hilfreich ist der Arbeitszeugnisgenerator, der auch die Quelle für diese Beispiele ist: http://www.arbeitszeugnisgenerator.de.

Die Frage eines Wiederkommens
und die umfängliche Frage: Was bleibt?

Was von einem Praktikum bleibt, ist letztendlich immer der eigenen Persönlichkeit geschuldet, denn nur was man hier aktiv beeinflusst, kann auch eine positive Reaktion ausüben und zielgerichtet eingesetzt werden. Ein paar „technische" Dinge kann man jedoch an die Hand geben.

Wie baue ich ein Netzwerk auf?

Das Netzwerk ist heute das Alpha und Omega im Business. Wer kein Netzwerk hat, hat auch keine Chance, schnell und zielführend zu arbeiten. Daher ist es extrem wichtig, ein solches aufzubauen. Nun muss man dieses jedoch definieren. Es ist als Student bestimmt interessant, auf Facebook 5.000 „Freunde" zu haben. Doch dies ist kein Netzwerk. Ein Netzwerk wird in der Realität nicht im Internet, sondern persönlich geführt. Denn es geht um die Menschen, welche im Netzwerk sind und um deren persönliche Einstellungen. Der erste Weg zu einem Netzwerk ist, so viele Menschen wie nur möglich kennenzulernen. Denn nur über den persönlichen Kontakt kann man hier etwas aufbauen. Wichtig dabei ist nicht, was kann ich vom anderen bekommen, sondern was kann ich für den anderen tun? Wo kann ich ihn unterstützen und ihm helfen? Der umgekehrte Fall kommt dann von alleine. Der Aufbau eines Netzwerkes dauert lange und ist durch ständige Kontaktpflege aufrechtzuerhalten. Daher ist es eine naive Vorstellung, jemanden in einem sozialen Netzwerk anzuschreiben und zu erwarten, dass einem daraufhin geholfen wird. Da Sie jedoch als Praktikant nun viele Menschen mit Netzwerk kennengelernt haben, können Sie gegebenenfalls von deren Kontakten etwas profitieren. Bleiben Sie mit Ihren Kollegen in Kontakt, so bleiben Sie auch mit deren Netzwerk in Kontakt.

Aufbau
Netzwerk

persönliches
Kennenlernen

Kontaktpflege

Was kann ich für
das Netzwerk tun?

Hilfestellungen
geben

Hilfe erhalten

Netzwerke im Internet sind in den vergangenen Jahren wie Pilze aus dem Boden
gesprossen. Nachfolgend will ich einige der
bekanntesten Online-Netzwerke nennen:

▶ Facebook (eher für private Kontakte zu nutzen)

▶ XING

▶ LinkedIn

Dabei ist jedoch zu beachten, nur weil man bei Facebook mit 12.000 Menschen verbunden ist, hat man noch lange kein Netzwerk. Dieses ist wohl eher ein privates Vergnügen. Die beiden anderen Anbieter haben sich eher auf Business-Kontakte spezialisiert und werden daher auch von Nicht-Facebook-Usern genutzt. Auch hier ist zu beachten, dass der wahre reale Kontakt niemals durch ein Netzwerksystem ersetzt werden kann.

Wie kann ich ggf. in Kontakt bleiben?

Der einfachste Weg ist der Austausch der Kontaktdaten. Doch der Satz *„Melden Sie sich einfach mal"* ist hier der falsche. Sie müssen an Ihrem Netzwerk arbeiten, denn schon morgen ist ein neuer Praktikant da. Nun hat er Ihren Platz eingenommen. In Erinnerung bleiben nur diejenigen, die Präsenz zeigen und mal zum Kaffee oder Lunch vorbeikommen, die mit Fachfragen auf die Kollegen zukommen und sich weiter um die Belange kümmern bzw. sich dafür interessieren.

Daher versuchen Sie, persönlich in Kontakt zu bleiben. Auch wenn es nur ab und zu per E-Mail ist. Und denken Sie darüber nach, was Sie für das Netzwerk tun können, nicht darüber, was das Netzwerk für Sie tun kann. Dann wird dieser Weg reiche Frucht tragen.

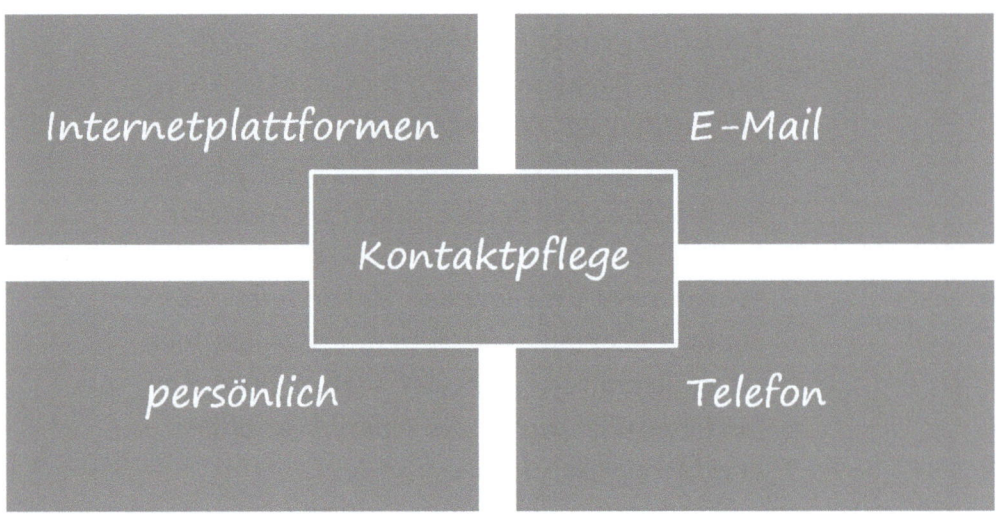

Wie kann ich eventuell wiederkommen?

Das Wiederkommen müssen Sie mit den Vorgesetzten direkt besprechen. Klar ist, dass dies in Ihre Lebensplanung und in die Planung des Unternehmens passen muss. Doch sollten Sie den Wunsch verspüren, so äußern Sie diesen direkt, denn ein Erahnen oder Antragen eines Jobs gibt es in der Praxis nur äußerst selten. Wenn Sie etwas haben wollen, das gilt auch für alle anderen Belange, müssen Sie dies offen und frei äußern. Sollte Ihnen hier ein positives Feedback gegeben werden, versuchen Sie, ein Perspektivgespräch zu vereinbaren (vgl. HOSSIEP/BITTNER/ BERNDT). In diesem kann man dann alle Modalitäten besprechen und einen Pfad zurück ins Unternehmen aufzeigen. Sie sollten sich an dieser Stelle auch grundsätzlich Gedanken über Ihren weiteren Lebensweg machen. In der nachfolgenden Grafik ist eine solche Planung exemplarisch und sehr stark vereinfacht aufgezeigt.

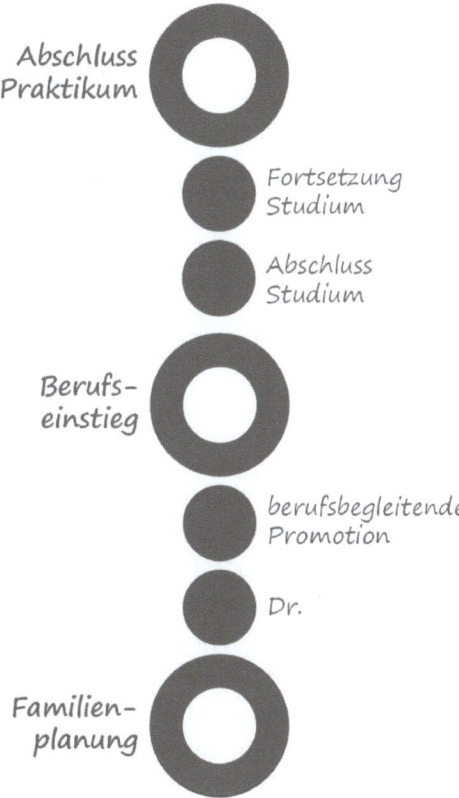

Welche Zukunftsmodelle bestehen?

Der Einstieg über das Praktikum in einen Werkstudentenvertrag oder später in ein Traineeprogramm ist heute ein gängiger und durchaus sehr angenehmer Weg für Studierende, der oftmals beschritten wird. Denn er zeichnet ihnen einen konsequenten Entwicklungsgang voraus, den sie erreichen können, wenn die Leistung und die Soft Skills passen. Da Unternehmen ungern die Katze im Sack kaufen, nutzen sie durch ein solches modulares System die Möglichkeit, genau

Praktikum

**Werkstuden-
tenvertrag**
ggf. Bachelor-Thesis
ggf. Master-Thesis

**Trainee-
Ausbildung**

die Mitarbeiter für sich zu gewinnen, welche sie auch haben möchten und mit denen das Unternehmen in die Zukunft gehen kann. Des Weiteren ist der Ausbildungsstand genau dem Level angepasst, wie das Unternehmen dies wünscht. Es kann seine eigenen Schwerpunkte setzen und die Ausbildung oft mitgestalten. Dies geht nicht selten soweit, dass Themen für die Bachelor- und/oder Master-Thesis gemeinsam ausgearbeitet werden und auf eine im Unternehmen bestehende Fragestellung angewendet werden sollen. Damit sourced das Unternehmen eine gewisse Forschungsarbeit an die Hochschulen aus, was jedoch die

Qualität und den Fortschritt sichert, holt sich im Gegenzug jedoch einen Teil des forschenden Humankapitals ins eigene Unternehmen. Dies schafft eine beidseitige Gewinnersituation.

Ziel ist es selbstverständlich, am Ende der Traineeausbildung einen festen Arbeitsplatz im Unternehmen zu erhalten. Die Chancen hierfür stehen recht gut, da der Mitarbeiter das Unternehmen durch seine ganze Entwicklung im Unternehmen kennt. Man hat viel Geld und Zeit in den Mitarbeiter investiert und ihn genau so ausgebildet, wie das Unternehmen dies haben möchte. Daher ist die Übernahme des Mitarbeiters der folgerichtige Schritt, was selbstverständlich eine positive Entwicklung des Mitarbeiters voraussetzt.

In einer nicht repräsentativen Umfrage von mir unter Praktikanten und Studierenden gab ein Drittel aller Befragten an, über ein Praktikum direkt an eine weiterführende Beschäftigung im Unternehmen gekommen zu sein. Von den verbleibenden zwei Dritteln hat mehr als die Hälfte über das Praktikum eine anderweitige Beschäftigung oder einen Einstieg erreicht (messbar mit dem Praktikum verbunden).

Wie bleibe ich informiert?

Da die Information, wie schon mehrfach erwähnt, der Hauptwerttreiber für einen Studierenden ist, sollten Sie immer an aktuelle Informationen kommen. Dies geht in der Regel nur über das Aufrechterhalten eines Alumni-Netzwerkes. Doch auch dieses wird Ihnen nur beschränkt Informationen zur Verfügung stellen. Bieten Sie sich jedoch an, z.B. als Aushilfe in den Semesterferien etc. im Unternehmen tätig zu sein, bleiben Sie Teil des Teams und werden eher an Informationen kommen. Diese sind gerade beim Schreiben der Abschlussarbeit von großer Wichtigkeit. Überlegen Sie nur, Sie müssen einen Sachverhalt untersuchen und kommen nicht an die Zahlenreihen etc. Das kann eine Arbeit schwer belasten. Durch gute Kontakte kann hier schon viel Stress und Arbeit abgenommen werden.

Was sind die konkreten Ergebnisse, welche das Praktikum geboten hat?

Diese Frage gilt als klassische Schlussfrage nach jedem abgeschlossenen Praktikum.

▶ Was hat es für mich gebracht?

▶ Welche Eindrücke habe ich gewonnen und welche Inhalte habe ich erlernt?

▶ Welche Rückschlüsse lässt das erlebte Praktikum zu?

Sie haben nun die Zeit des Praktikums hinter sich, durften hinter die Kulissen schauen und haben live miterlebt, was viele immer nur von außen sehen. Nun ist es an Ihnen, daraus Schlüsse zu ziehen. Die konkreten Ergebnisse lassen sich oftmals an klassischen Schlüsselerlebnissen festmachen. So wäre z.B. ein Angebot für einen Werkstudentenvertrag ein solches positives Schlüsselerlebnis. Doch dies muss nicht das Ziel eines Praktikums sein. Es können auch ganz andere Erkenntnisse sein. Wichtig ist nur, dass Sie sich diese bewusst machen. Diese Schlüsse sind übrigens die letzten Eintragungen in Ihrem Praktikantentagebuch, denn mit diesem Schlussurteil endet dieses.

Was habe ich neben der fachlichen Seite im Praktikum gelernt?

Neben den fachlichen Eindrücken sollten Sie auch noch die sozialen und zwischenmenschlichen Eindrücke in Ihr Tagebuch schreiben, denn Sie haben während des Praktikums mehr als nur Fachthemen gelernt. Vom ersten Tag Ihres Praktikums an haben Sie völlig unbewusst Eindrücke und Reaktionen gesammelt, welche auf Sie eingewirkt haben. Dies können lustige und schöne, aber auch abschreckende und negative sein. Fassen Sie diese ebenfalls zusammen. Schreiben Sie, wie SIE werden wollen, sobald Sie die Funktion innehaben, welche Sie beobachtet haben, und wie SIE auf keinen Fall werden wollen. Hier können Sie die ganzen Szenen nochmals aufarbeiten. Vom cholerischen Chef bis hin zur grauen Maus hinter dem Schreibtisch im Vorzimmer. Denn von all denen haben Sie etwas gelernt. Wir nennen dies heute die **Soft Skills**, früher hätte man gesagt, der Umgang untereinander. Dies ist, was Sie für Ihre Zukunft prägt. Nehmen Sie die positiven Seiten, welche Ihnen gefallen haben, an. Die negativen Seiten sollen Ihnen als eine Art Warnung in Erinnerung bleiben.

Schreiben Sie einen Brief an sich selbst

Was soll das denn nun, werden Sie gegebenenfalls denken! Warum soll ich denn einen Brief an mich selbst schreiben? Das ist ganz einfach, schreiben Sie heute einen Brief an sich selbst in zehn Jahren. Schreiben Sie, welche Vorstellungen Sie heute haben, wo Sie in zehn Jahren stehen möchten und was Sie heute dazu antreibt. Sie können auch Dinge formulieren, welche Sie nicht erleben möchten. Bringen Sie Ihre eigenen Wertevorstellungen etc. unter. Versiegeln Sie den Brief und bewahren diesen gut auf. In zehn Jahren wird sich vieles in Ihrem Leben bewegt haben. Mal sehen, ob der Leser mit dem Schreiber des Briefes noch identisch ist.

Das Praktikum ist mehr als nur Wissensvermittlung. Das Praktikum ist das Ausprobieren von sich selbst.

Interviews

In diesem Abschnitt lernen Sie die Praxis von Praktika auf anschauliche und spannende Weise durch sieben kurze Interviews kennen. Das erste Interview wird mit der Personalabteilung geführt, das zweite mit einer Führungskraft. Es folgen fünf Interviews zu den Erfahrungen und Sichtweisen von Praktikanten selbst. Die Fragen orientieren sich an der inhaltlichen Struktur des Buches.

Personalabteilung

Interview mit Dorothee Pfeuffer, Group Human Resources, Bereich Talent Management, Leiterin Marketing & Recruiting, Commerzbank AG

Autor: Welchen Wert legen Sie als HR-Abteilung auf Praktika? Wie viele Praktika würden Sie empfehlen?

D. Pfeuffer: *Für Praktika gilt: "Je länger desto besser". Für die Bewerbung als Trainee empfehlen wir mindestens ein Praktikum im Lebenslauf. Optimal sind zwei oder mehr Praktika in unterschiedlichen Bereichen und Unternehmen. Da sich dies bei Studenten nicht immer mit den Vorlesungszeiten vereinbaren lässt, kann man bei der Commerzbank schon ab einer Dauer von acht Wochen ein Praktikum absolvieren. In Ausnahmefällen sind zum Beispiel in der Rechtsabteilung auch Praktika ab vier Wochen möglich. Zwischen Bachelor- und Masterstudium bieten wir die Möglichkeit, Zeit für wichtige Praxiserfahrungen zu nutzen. Welche Aufgabe genau zu einem passt, findet man nur durch Ausprobieren wirklich heraus. Wir bieten Studenten Praktika u.a. in unseren Konzernbereichen Development & Strategie, dem Investment Banking, in den Einheiten Risiko/Kredit/Finanzierung oder im Bereich Kommunikation/Marketing an.*

Autor: Schreibt Ihr Unternehmen viele Praktikantenstellen aus?

D. Pfeuffer: Die Commerzbank schreibt jährlich rund 500 akademische Praktikantenstellen aus.

Autor: Wie stehen Sie zur Aussage: Ein Praktikum gehört bezahlt!

D. Pfeuffer: Unsere studentischen Praktikanten bekommen interessante Aufgaben, die sie selbstständig bearbeiten. Weshalb sie auch mit einer fairen Vergütung im Rahmen der Regeln für Fair Company rechnen können. Faire Vergütung geht für die Commerzbank über die gesetzlichen Vorgaben und den Mindestlohn hinaus und beläuft sich auf 1.500 Euro pro Monat. Dabei macht es bei uns keinen Unterschied, wie lange das Praktikum dauert.

Autor: Was unterscheidet Ihrer Meinung nach einen sehr guten Praktikanten vom Durchschnitt?

D. Pfeuffer: Praktikanten können sich in erster Linie durch überdurchschnittliche Leistungen abheben. Man sammelt Pluspunkte, indem eine selbständige Arbeitsweise und ein hohes Maß an Eigeninitiative gezeigt werden. Wer dabei wissbegierig ist, Kontakte knüpft und sich ein breites Netzwerk aufbaut, fällt positiv auf.

Autor: Wie stehen Sie zur Aussage, Praktikanten bringen frisches Blut und frischen Wind ins Unternehmen! Würden Sie sagen, dass das Unternehmen auch von den Praktikanten profitiert (also auch gedanklich)?

D. Pfeuffer: Praktikanten hinterfragen „Gewohntes" und bringen damit neue wertvolle Impulse für uns mit. Sie schauen zum Teil mit anderen Augen auf die Dinge und bringen neue Sichtweisen in den Arbeitsalltag ein. Ein Praktikum bietet Studenten die Möglichkeit, nach der „grauen" Theorie die Praxis hautnah kennen zu lernen und Erlerntes praktisch umzusetzen und anzuwenden. Hier bietet sich die Gelegenheit, Verantwortung zu übernehmen und Kontakte zu knüpfen. Studenten, die ihre Chance gut nutzen, haben die Möglichkeit, im Anschluss in unsere Studienkreise aufgenommen zu werden: An der Hochschule weiter Gas geben und durch flexible Praxiseinsätze trotzdem bei uns an Bord zu bleiben ist ein Konzept, das eine Win-win-Situation für beide Seiten – Student wie Unternehmen – mit sich bringt.

Autor: Wie wichtig sind Ihnen bei einem Bewerbungskandidaten seine Praktika?

D. Pfeuffer: Die Abschlussnote, Studiendauer und das gewählte Fach sind klassische Kriterien bei der Bewerberauswahl. Für uns sind Praktika jedoch genau so wichtig. Eine längere Studiendauer kann zum Pluspunkt werden, wenn die Zeit für wertvolle Praxiserfahrung und Einblicke in den Berufsalltag genutzt wurde. Praktika, die bei uns absolviert wurden, geben uns die Möglichkeit des Kennenlernens. Ob wir zusammen passen, lässt sich nach einem Praktikum um Einiges besser einschätzen, als nach einem reinen Bewerbungsgespräch. Aber auch Praxiserfahrungen in anderen Branchen, Ländern oder Unternehmen sind aufschluss-

reich und wertvoll für unsere Einschätzung im Bewerbungsprozess. Generell empfehlen wir: Lieber für Praktika ein Semester
länger studieren oder Urlaubssemester einschieben als eine kurze
Studienzeit ohne Praktika vorzuweisen.

Autor: Vielen Dank für das Interview.

Interview mit Führungskraft

Autor: Wie wichtig ist Ihnen als Führungskraft, dass ein Mitarbeiter oder Bewerber Erfahrungen als Praktikant gesammelt hat?

Führungskraft: *Es ist mir sehr wichtig. Junge Menschen müssen ihren Weg finden. Das geht vornehmlich durch das ausprobieren und das Sammeln von Erfahrungen. Gerade hier ist ein Praktikum von großer Bedeutung. Man kann zwanglos Dinge ausprobieren und Erfahrungen sammeln. Dabei muss man keine Angst haben, etwas falsch zu machen. Denn dafür ist das Praktikum ja da. Es soll einen auch in gewisser Weise an Grenzen führen. Denn nur dann kann man diese meistern und sich selbst weiter führen.*

Autor: Wie stark achten Sie bei Neueinstellungen auf diese Erfahrungen?

Führungskraft: *Sehr. Ich schaue bei jeder Bewerbung, was ein Kandidat vorher gemacht hat. Schauen Sie, die meisten Bewerbungen sehen gleich aus. Die Kandidaten waren auf der Universität, sprechen alle gut Englisch und eine weitere Fremdsprache, waren in den USA oder in UK zum Auslandsjahr. Das ist alles duplizierbar. Aber welche Praktika diese gemacht haben, welche Erfahrungen und vielleicht auch Enttäuschungen sie da gesammelt haben, das ist einzigartig. Hier kann man den Menschen hinter den Papieren entdecken. Das ist ehrlich. Denn in der Natur einer*

Bewerbung liegt es, dass der Kandidat sich schönfärbt. Hier können Sie aber schnell erkennen, ob er dies wirklich ist.

Autor: Raten Sie eher zu einem Praktikum oder zu mehreren Praktika?

Führungskraft: Ich rate zu mindestens zwei. Ein längeres und evtl. noch eines in derselben Länge oder kürzer. Der Grund dafür ist, in einem Praktikum können Sie zwar ein bisschen Einblick erhalten, aber niemals einen 360°-Blick entwickeln. Daher würde ich immer mehrere Praktika empfehlen. Gerne auch in ganz unterschiedlichen Branchen und Unternehmen. Denn erst der Gesamtblick lässt einen erahnen, was kommen kann und wird. Evtl. entscheidet man sich ja auch für eine ganz andere Richtung, wenn man diese einmal kennengelernt hat. Hier muss der Kandidat offen sein. Das gilt neben den Praktika übrigens auch für den Rest des Lebens.

Autor: Worauf sollte der Kandidat Ihrer Meinung nach achten?

Führungskraft: Ich rate, zu guten, renommierten Adressen zu gehen. Das ist das Selbe wie mit den Universitäten. Auch hier müssen Sie ein gutes Haus aussuchen. Denn nur diese Namen öffnen später die Türen zu den Top-Etagen. Ich würde also immer mit den Top 5 der Branche anfangen. Einer dieser Namen sollte sich im CV finden lassen.

Autor: Wenn Sie zurückblicken, hat die Generation Praktikum Ihr Unternehmen verändert?

Führungskraft: *Selbstverständlich. Sie macht das Unternehmen jünger, lauter, manchmal hektischer und oftmals fragender. Alles sehr gute Aspekte. Ich bin der Ansicht, dass uns gerade die Praktikanten auch als Unternehmen weiter bringen. Ich halte es schon immer damit, dass jeder, der einen Einfall zur Themenbewältigung hat, diesen auch aussprechen soll. Gerade wenn man die Praktikanten dazu ermuntert, ist dies oftmals ein Gewinn. Sie schauen anders auf die Themen als ein langjähriger Mitarbeiter. Selbstverständlich kommt man ohne die Seniorität der Festangestellten nicht weiter. Aber die gute Mischung macht es aus.*

Autor: Würden Sie sagen, dass die Universitäten und Hochschulen die Praktikanten gut vorbereiten?

Führungskraft: *An sich ja. Hierbei muss man jedoch unterscheiden, dass die Universitäten vielmals theoretischer an die Themen herangehen als die Hochschulen. Beides hat seine Vor- und Nachteile. Aber ich denke, die Bildungseinrichtungen machen einen sehr guten Job. Ich kann jedoch oftmals nicht nachvollziehen, dass Studierende nach dem Bachelorabschluss nicht weitermachen. Hier kann ich nur empfehlen, einen Master anzustreben.*

Autor: Wie reagieren die festen Angestellten auf Praktikanten?

Führungskraft: Durchweg gut. In den vergangenen Jahren wurde das zu einem eingespielten Team. Vor allem als man erkannt hat, dass der Praktikant nicht nur zum Kaffeekochen da ist. Viele Einheiten binden die Praktikanten vom ersten Tag an voll in das Tagesgeschehen ein. Da sind die Praktikanten als vollwertiges Mitglied im Team zu sehen. Das ist der Weg, welchen ich auch beschreiten möchte. Mir ist es wichtig, dass beide, Praktikanten und Festangestellte, Hand in Hand arbeiten und sich gegenseitig ermutigen, Neues zu tun.

Autor: Kümmern Sie sich als Führungskraft auch um das Wohl der Praktikanten oder haben Sie das delegiert?

Führungskraft: Im Rahmen meiner Möglichkeiten. Ich habe eine extra Führungskraft bei mir, welche sich um die Nachwuchskräfte, bestehend aus Auszubildenden, Praktikanten und Trainees kümmert. Er hat auch gut zu tun damit. Wenn immer es geht, komme ich zu Meetings und Treffen dazu. Und ich schätze das persönliche Gespräch mit den Nachwuchskräften. Oftmals haben sie einen anderen Blickwinkel und man kann auch für die persönliche Entwicklung dieser Tipps geben. Das findet dann aber in einem unkomplizierten Gespräch bei einer Tasse Tee oder Kaffee statt. Ich halte nichts von hierarchischen Führungsstrukturen. Diese sind veraltet. Flache aber kompetente Führungseinheiten sind State of the Art.

Autor: Wie stehen Sie zur Aussage, ein Praktikum gehört bezahlt!

Führungskraft: *Auf jeden Fall; Arbeit muss bezahlt werden! Ich halte nichts von unbezahlten Praktikantenstellen. Dies gibt es bei uns im Unternehmen auch nicht. Wir haben sehr früh – also eigentlich schon immer – damit begonnen, unsere Praktikanten gut zu bezahlten. Man muss die Praktikantenausbildung immer als Zukunftsausbildung auch für das eigene Unternehmen sehen.*

Autor: Was würde passieren, wenn es von heute auf morgen keine Praktikanten mehr geben würde? Wäre das Unternehmen dann noch arbeitsfähig?

Führungskraft: *Ja, aber nicht so reibungslos. Es würde bestimmt an der einen oder anderen Stelle zu längeren Prozessen und vor allem zu Fehlern kommen. Also eine Welt ohne Praktikanten will ich mir nicht vorstellen.*

Autor: Welchen abschließenden Rat wollen Sie den Lesern mitgeben?

Führungskraft: *Bei allen Fachthemen will ich den Praktikanten zurufen, dass sie den 360°-Blickwinkel, eine eigene fachlich fundierte Meinung und vor allem einen gesunden Menschenverstand nicht einbüßen sollten. Wichtig ist, dass man aus allem, was man macht, so viel es geht für sich an Erkenntnis gewinnt. Dabei ist es jedoch wichtig, dass man immer auf dem Boden der Tatsachen bleibt und sich auch treu bleibt. Ich kann jedem nur empfehlen so viele Erfahrungen zu sammeln, wie es nur geht. Suchen Sie sich* gute, renommierte Adressen aus und überzeugen Sie diese von sich. Dann erreichen Sie wirklich ein Karrieresprungbrett mit den Praktika.

Autor: Vielen Dank für das Interview.

Praktikant Axel

Autor: Der Weg in ein Praktikum ist für viele steinig. Können Sie bitte kurz Ihre Erfahrungen schildern, welche Sie in dieser Hinsicht gemacht haben?

Axel: *Definitiv ein steiniger und langer Weg, bis man endlich ein Praktikum bekommt. Auch die Nachfrage auf einen Praktikumsplatz hat in den letzten Jahren nach meiner Beurteilung extrem zugenommen.*

Autor: Wenn Sie an den Bewerbungsprozess denken, was haben Sie hier im Nachhinein für Erfahrungen gemacht?

Axel: *Bei meinen Bewerbungen für ein Praktikum habe ich manchmal gedacht, ich würde mich auf einen Managerposten bewerben. Bei einigen Firmen war der Bewerbungsprozess meines Erachtens für ein gering bezahltes Praktikum viel zu aufwändig.*

Autor: Gibt es Lehren, die man daraus ableiten kann?

Axel: *Auch wenn es natürlich ein unterschiedlicher Prozess ist, würde ich mir einen noch differenzierteren Bewerbungsprozess für eine feste Stelle im Unternehmen einerseits und einem oftmals auf zwei bis drei Monate begrenztes Praktikum andererseits wünschen. Hier sollte ein einfacherer Prozess möglich sein.*

Autor: Welche Eindrücke hatten Sie bei den Bewerbungsgesprächen?

Axel: Oftmals waren die Gespräche fachlich sehr spezifisch und die Nachfragen nach beruflicher Erfahrung nahezu Voraussetzung, um ein Praktikum zu bekommen, obwohl ein Praktikum meines Erachtens ja genau darauf abzielen sollte, die Abteilung, Arbeitsabläufe etc. kennenzulernen und erste berufliche Erfahrungen zu sammeln. Meistens ist der Weg über ein Praktikum nach der Schule oder Universität auch als Einstieg und Orientierung für den Absolventen gedacht.

Autor: Gibt es hier eine Empfehlung, welche Sie aussprechen möchten?

Axel: Den Absolventen nicht zu sehr auf seine bisherige berufliche Erfahrung zu reduzieren, da man diese ja grundsätzlich nicht bzw. nur wenig hat — und wenn dann oftmals auch fachfremd in einem Nebenjob, um sein Studium zu finanzieren — sondern den eigentlichen Sinn eines Praktikums in der Vordergrund zu stellen: Erfahrungen sammeln und Absolventen eine Chance geben!

Autor: Der erste Tag im Praktikum ist für viele ein entscheidender Tag. Können Sie über Ihren ersten Tag ein bisschen was berichten?

Axel: Ich habe in meinem Praktikum sehr positive Erfahrungen sammeln können. Am ersten Tag wurde ich von meinem Mentor herzlich aufgenommen und gleich der kompletten Abteilung persönlich vorgestellt. Somit kannte mich jeder vom ersten Tag an und ich kam mir nicht wie ein Fremder in der Abteilung vor.

Auch wurden mir die Räumlichkeiten genau gezeigt, so dass ich nicht dauernd jemand fragen musste, wenn ich etwas zu erledigen hatte.

Autor: Wie würden Sie das Praktikum hinsichtlich dessen Wirkung auf Ihre spätere Tätigkeit bzw. Ihre späteren Entscheidungsprozesse beurteilen?

Axel: Das Praktikum hat mich in meiner Entscheidung gestärkt, in diesem Berufsfeld tätig zu werden!

Autor: Haben Sie Tipps, welche neue Praktikanten auf jeden Fall beachten sollten?

Axel: Offen auf die Kollegen zugehen und auch frühzeitig die eigenen Erwartungen an das Praktikum mit seinem Mentor besprechen, um Missverständnisse und Enttäuschungen zu vermeiden.

Autor: Wenn Sie an die Schlussphase Ihres Praktikums denken, wie haben Sie diese gemeistert?

Axel: Sehr gut.

Autor: Stehen Sie mit den ehemaligen Kollegen heute noch in Kontakt?

Axel: Lediglich mit meinem Mentor habe ich heute noch persönlichen Kontakt. Allerdings war es das Praktikum allein schon deshalb Wert, da er mich in gewisser Weise auch für meinen weiteren beruflichen Werdegang geprägt hat und ich dadurch einen guten Freund gefunden habe.

Autor: Wohin hat Sie Ihr Weg nach dem Praktikum geführt?

Axel: Ich bin in der Branche geblieben, habe mich aber räumlich verändert und bin in ein anderes Unternehmen gewechselt.

Autor: Wie stehen Sie zur Aussage, ein Praktikum gehört immer bezahlt?

Axel: Ist meiner Meinung nach abhängig von der Dauer. Wenn es vier Wochen übersteigt, sollte der Praktikant auf jeden Fall eine Bezahlung erhalten. Auch wenn es z.B. in Form von Essens- oder Fahrtkostenzuschuss ist.

Autor: Glauben Sie, dass Unternehmen genügend Praktikanten einstellen?

Axel: Kann ich nicht beurteilen.

Autor: Ist der Praktikant eher eine „billige" Arbeitskraft oder ein Nachwuchsprojekt?

Axel: Ich denke, das kommt zum Großteil auf den Praktikanten selbst und auf die wirtschaftliche Lage des Unternehmens an. Ist die Leistung überdurchschnittlich, wird das Unternehmen ein Interesse daran haben, den Praktikanten langfristig an sich binden zu wollen. Ist die wirtschaftliche Lage des Unternehmens allerdings schlecht, wird es keinen Praktikanten großartig einsetzen und man kann den Eindruck einer „billigen" Arbeitskraft bekommen.

Autor: Viel wird über die Generation Praktikum gesprochen. Glauben Sie, dass ein Praktikum Vorteile für Studierende bringt?

Axel: Definitiv. Man kann Eindrücke über seinen vermeintlichen Berufswunsch bekommen und vor allem bereits ein Netzwerk aufbauen, was heutzutage immer wichtiger wird.

Autor: Wenn man sich heute die Curricula von Studiengängen anschaut, hat man das Gefühl, das Praktikum gehört wie selbstverständlich dazu. Sehen Sie das auch so?

Axel: Jein. Wie bereits gesagt, es ist sehr sinnvoll, um sich einen eigenen Eindruck über den Beruf und die Arbeit zu machen. Allerdings sind manche Praktika gefühlt für manche auch lediglich dazu da, um seinen Lebenslauf zu füllen, um bessere Chancen auf dem späteren Arbeitsmarkt zu haben.

Autor: Was halten Sie von der Aussage: Praktikum ja, aber bitte in einem Auslandsunternehmen!

Axel: Das muss jeder selbst entscheiden. Aber Auslandserfahrung wird im Allgemeinen sehr gern gesehen von Unternehmen, von daher ist das grundsätzlich sinnvoll für die Curricula. Meines Erachtens wird dies aber von den Unternehmen überbewertet und einem Praktikum im Ausland fälschlicher Weise ein weit höherer Stellenwert zugewiesen als ein „heimisches" Praktikum.

Autor: Haben Sie während der Praktikantenzeit selbständig Tätigkeiten durchführen dürfen und waren Sie Teil des aktiven Teams?

Axel: Ja! Das war für mich auch Voraussetzung, das Praktikum zu machen. Gewisses Vertrauen muss auch einem Praktikanten entgegengebracht werden in Bezug auf selbständiges Arbeiten.

Autor: Glauben Sie, dass von Seiten der Politik für Praktikanten mehr getan werden sollte?

Axel: Kann ich nichts dazu sagen; ich weiß nicht, was aktuell dafür getan wird.

Autor: Wie viele Praktika haben Sie gemacht?

Axel: Eines.

Autor: Wie stehen Sie zur Aussage: das Praktikum kann ein Karrieresprungbrett sein.

Axel: Selbstverständlich. Wenn man die richtigen Leute kennenlernt und den richtigen Zeitpunkt erwischt.

Autor: Haben Sie die im Praktikum gelernten bzw. mitgeteilten Praktiken im späteren Leben einsetzen können?

Axel: *Ja, habe ich.*

Autor: Wie beurteilen Sie abschließend den Themenkomplex Praktikum?

Axel: *Sehr sinnvoll, um sich von einem Berufsbild einen persönlichen Eindruck machen zu können und die Arbeitsweise kennenzulernen. Auch extrem wichtig, um erste berufliche Erfahrungen sammeln zu können und sich ein Netzwerk für die Zukunft aufzubauen. Falls man sich aber seiner beruflichen Wahl bereits sicher ist und die Chance auf einen festen Job hat, finde ich ein Praktikum nicht unbedingt zwingend — aufgrund der meist sehr niedrigen Bezahlung und der meist schlechten Aussichten auf eine feste Übernahme.*

Praktikant Christian

Autor: Der Weg in ein Praktikum ist für viele steinig. Können Sie bitte kurz Ihre Erfahrungen schildern, welche Sie in dieser Hinsicht gemacht haben?

Christian: Das Praktikum, auf das ich mich beziehe, wurde im Rahmen meiner Ausbildung bei einer großen deutschen Privatbank angeboten.

Autor: Wenn Sie an den Bewerbungsprozess denken, was haben Sie hier im Nachhinein für Erfahrungen gemacht?

Christian: Uns wurden verschiedene Abteilungen angeboten. Am meisten interessierte ich mich für das Wealth Management (WM) der Bank. Als ich meinem Ausbilder und anderen Kollegen davon erzählte, rieten diese mir dringend davon ab, mein Praktikum dort zu absolvieren. Mir wurde gesagt, ich würde dort sowieso nur „Azubi-Aufgaben" bekommen und nichts lernen. Im Nachhinein betrachtet war das völliger Quatsch und die Zeit im WM wohl die prägendste Phase meiner Ausbildung.

Autor: Gibt es Lehren, die man daraus ableiten kann?

Christian: Man sollte sich nicht zu vorschnell von anderen abbringen lassen, seine Ziele zu verfolgen, und immer genau prüfen, wie gehaltvoll die Informationen sind, die man bekommt. Keiner der Kollegen, die mir abrieten, mein Praktikum im WM zu absolvie-

ren, hatte je dort gearbeitet. Obwohl die meisten es wohl gut meinten, war auf ihre Aussagen wenig Verlass.

Autor: Welche Eindrücke hatten Sie bei den Bewerbungsgesprächen?

Christian: Das Bewerbungsverfahren lief rein schriftlich ab.

Autor: Der erste Tag im Praktikum ist für viele ein entscheidender Tag. Können Sie über Ihren ersten Tag ein bisschen was berichten?

Christian: Wie die meisten war ich äußerst aufgeregt und hatte im Grunde genommen keine Ahnung, was auf mich zukam. Natürlich wusste ich in der Theorie über die Tätigkeitsfelder im Wealth Management Bescheid, was mich aber in der Praxis erwarten würde und bei welchen Prozessen ich dabei sein dürfte, war unklar. Am Ende war natürlich alles halb so schlimm wie gedacht, der Empfang war herzlich und ich wurde sofort ins Team eingebunden.

Autor: Wie würden Sie das Praktikum hinsichtlich dessen Wirkung auf Ihre spätere Tätigkeit bzw. Ihre späteren Entscheidungsprozesse beurteilen?

Christian: Das Praktikum war sowohl in Bezug auf fachliches Wissen und auf Softskills, aber auch menschlich sehr lehrreich. Ich bekam Einblick in einen Bereich, der den meisten Bankangestellten während ihrer gesamten Karriere verwehrt bleibt und in dem viele meiner Azubi-Kollegen ihren absoluten Traumberuf sehen. Obwohl ich während meiner Zeit im WM große Freude an der Arbeit hatte, hat mir das Praktikum vor allem gezeigt, dass ich meine berufliche Zukunft nicht im Bankengeschäft sehe. Während der Ausbildung in der Filialbank habe ich mich über lange Strecken gelangweilt und unterfordert gefühlt – im Wealth Management hingegen wurde ich zu jeder Zeit gefordert und hatte das erste Mal wirklich Spaß an der Arbeit in der Bank. Trotzdem hatte ich nicht das Gefühl, hier „meinen Platz" gefunden zu haben. Ich denke, hier liegt eine der großen Stärken eines Praktikums – Exploration. Man kann eine Vielzahl von Dingen ausprobieren und auch wenn man dabei feststellt, dass man hier vielleicht doch nicht bleiben möchte, kann man für seinen späteren Weg unglaublich viel lernen und mitnehmen. Ich profitiere auch heute während meinem Studium noch von vielen Dingen, die ich im Praktikum gelernt habe.

Autor: Haben Sie Tipps, welche neue Praktikanten auf jeden Fall beachten sollten?

Christian: Ihr solltet Lerninhalte selbstständig einfordern und nicht darauf warten, dass man euch an der Hand nimmt und „füttert". Ihr wisst selbst am besten, was euch interessiert und was ihr während eurer begrenzten (!) Zeit im Praktikum lernen möchtet.

Autor: Stehen Sie mit den ehemaligen Kollegen heute noch in Kontakt?

Christian: Mit meinem damaligen Mentor im WM stehe ich auch heute noch in sehr gutem Kontakt.

Autor: Wenn Sie wieder vor der Wahl eines Praktikum stehen würden, was würden Sie anders machen?

Christian: Ich würde gelassener ins Praktikum gehen. Durch Nervosität und die ständige Befürchtung, etwas falsch zu machen, schränkt man sich meiner Meinung nach gerade zu Beginn eines Praktikums nur unnötig ein.

Autor: Wohin hat Sie Ihr Weg nach dem Praktikum geführt?

Christian: Ich habe meine Ausbildung bei der Bank abgeschlossen und ein Psychologiestudium begonnen.

Autor: Wie stehen Sie zur Aussage, ein Praktikum gehört immer bezahlt?

Christian: Meiner Meinung nach gehört ein Praktikum immer bezahlt. Praktikanten sollten kein Mittel sein, um an kostenfreie Arbeitskraft zu kommen, sondern als Investition in die Zukunft gesehen werden.

Autor: Ist der Praktikant eher eine „billige" Arbeitskraft oder ein Nachwuchsprojekt?

Christian: Nachwuchsprojekt.

Autor: Viel wird über die Generation Praktikum gesprochen. Glauben Sie, dass ein Praktikum Vorteile für Studierende bringt?

Christian: Wenn es nicht nur gemacht wird, weil es im Curriculum vorgesehen ist, sondern aus wirklichem Interesse und mit der Absicht etwas zu lernen.

Autor: Was halten Sie von der Aussage: Praktikum ja, aber bitte in einem Auslandsunternehmen!

Christian: Ich glaube in Deutschland – gerade im deutschen Mittelstand – gibt es eine Vielzahl interessanter und erfolgreicher Unternehmen, in denen ein Praktikum mindestens so lohnenswert ist wie im Ausland. Trotzdem spricht meiner Meinung nach nichts gegen ein Praktikum im Ausland.

Autor: Haben Sie während der Praktikantenzeit selbständig Tätigkeiten durchführen dürfen und waren Sie Teil des aktiven Teams?

Christian: Ja, s.o.

Autor: Glauben Sie, dass von Seiten der Politik für Praktikanten mehr getan werden sollte?

Christian: Die Mindestlohnregelung sollte meiner Meinung nach auch für Pflichtpraktika eingeführt werden. Erstens aus oben genannten Gründen. Zweitens ist es schwierig geworden, eine Stelle für ein Praktikum zu finden, sofern dieses freiwillig absolviert wird. An meinem Universitätsstandort ist zum Beispiel kein Pflichtpraktikum vorgesehen, an anderen Standorten im gleichen Studienfach aber schon. Da die meisten Praktikumsstellen im Fach Psychologie in Kliniken ausgeschrieben werden, die meist mit einem knappen Budget zu kämpfen haben, werden nahezu ausschließlich Pflichtpraktikanten eingestellt, da diese für die Kliniken umsonst sind.

Autor: Wie viele Praktika haben Sie gemacht?

Christian: *Eines.*

Autor: Wie stehen Sie zur Aussage, das Praktikum kann ein Karrieresprungbrett sein!

Christian: *Abgesehen von der offensichtlichen Möglichkeit im Unternehmen angestellt zu werden, in dem ein Praktikum absolviert wird, kann das Wissen aus vorangegangenen Praktika verwendet werden, um sich in einem neuen Unternehmen zu beweisen und von Mitstreitern abzuheben.*

Autor: Haben Sie die im Praktikum gelernten bzw. mitgeteilten Praktiken im späteren Leben einsetzen können?

Christian: *Ich nutze mein Wissen aus dem Praktikum noch heute in einer Vielzahl von Situationen.*

Autor: Wie beurteilen Sie abschließend den Themenkomplex Praktikum?

Christian: Praktikanten sind eine riesige Möglichkeit. Es ist schön zu sehen, dass das wohl auf beiden Seiten zunehmend erkannt wird und der Praktikant nicht nur zum Kaffeekochen und Auto- waschen eingestellt wird, sondern um zu lernen und möglicher- weise sogar neue Impulse ins Unternehmen zu bringen.

Praktikant Kevin

Autor: Der Weg in ein Praktikum ist für viele steinig. Können Sie bitte kurz Ihre Erfahrungen schildern, welche Sie in dieser Hinsicht gemacht haben?

Kevin: Ich habe mich mit verschiedenen Schwierigkeiten konfrontiert gesehen, als ich mich für Praktika beworben habe. Als ich ein Praktikum während der Schulzeit absolvieren musste, war es die Frage, welche Praktikumsstelle mein Interesse weckt. Bei späteren Bewerbungen war es die Frage, welche Anlaufstelle sich mit meinen Interessen deckt.

Autor: Wenn Sie an den Bewerbungsprozess denken, was haben Sie hier im Nachhinein für Erfahrungen gemacht?

Kevin: Ich hatte Probleme mit dem Teil der Bewerbung, in dem ich meine Motivation speziell für die angestrebte Firma verdeutliche. Durch ausgiebiges Recherchieren über die Beschaffenheit der Firma, ihre Methoden und Absichten, fiel mir dies im Nachhinein leichter.

Autor: Gibt es Lehren, die man daraus ableiten kann?

Kevin: Meine Erfahrungen haben mir gezeigt, dass es am besten ist, sich nicht erst vor dem Vorstellungsgespräch ausgiebig mit der angestrebten Firma auseinanderzusetzen, sondern bereits vor der Bewerbung, da dieses Wissen eine gute Hilfestellung für die Gestaltung der Bewerbung sein kann.

Autor: Welche Eindrücke hatten Sie bei den Bewerbungsgesprächen?

Kevin: Ich hatte den Eindruck, dass es meinen Gegenübern ein wichtiges Anliegen war, herauszufiltern, ob das, was ich sage, der Wahrheit entspricht, oder nur das ist, was ich für die beste Antwort hielt.

Autor: Gibt es hier eine Empfehlung, welche Sie aussprechen möchten?

Kevin: Ich denke, es ist extrem wichtig, einen authentischen Eindruck zu hinterlassen. Natürlich muss man sich engagiert und professionell zeigen, aber man sollte stets darauf achten, nicht zu dick aufzutragen, um im Gesamten nicht unglaubwürdig zu erscheinen.

Autor: Der erste Tag im Praktikum, ist für viele ein entscheidender Tag. Können Sie über Ihren ersten Tag ein bisschen was berichten?

Kevin: Ich musste erkennen, dass es Aufgabe genug sein kann, sich in einem neuen Arbeitsumfeld einzugewöhnen. Neue Räumlichkeiten, eine Menge neuer Namen etc. Das kann schon schnell mal eine Reizüberflutung verursachen. Im Nachhinein musste ich feststellen, dass meine Ansprüche an den ersten Tag wohl etwas zu hoch angesetzt waren.

Autor: Wie würden Sie das Praktikum hinsichtlich dessen Wirkung auf Ihre spätere Tätigkeit bzw. Ihre späteren Entscheidungsprozesse beurteilen?

Kevin: Das Praktikum hatte wenig Einfluss auf meinen späteren
Entscheidungsprozess, was jedoch nicht mit dem Praktikum per
se zu tun hatte, sondern mit einer Reihe persönlicher Entschei-
dungen.

Autor: Haben Sie Tipps, welche neue Praktikanten auf jeden Fall beachten sollten?

Kevin: Ich glaube, dass der erste Eindruck, obwohl es unfair sein
mag, tatsächlich der ist, der sich am stärksten einprägt. Also unbedingt darauf achten, ausgeruht und vorbereitet am ersten Tag
zu erscheinen. Stets motiviertes Auftreten, aber besonders sollte
man sich das vorherrschende Arbeitsklima einverleiben und sich,
soweit es der Praktikantenposition angemessen ist, anpassen.

Autor: Wenn Sie an die Schlussphase Ihres Praktikums denken, wie haben Sie
diese gemeistert?

Kevin: In der Schlussphase war ich an die Umstände des Praktikums gewöhnt und konnte mich voll auf das konzentrieren, was
ich lernen wollte, sowie auf das, was von mir meines Erachtens
nach erwartet wurde.

Autor: Stehen Sie mit den ehemaligen Kollegen heute noch in Kontakt?

Kevin: *Ja.*

Autor: Wenn Sie wieder vor der Wahl eines Praktikum stehen würden, was würden Sie anders machen?

Kevin: *Ich würde versuchen, das Praktikum länger anzusetzen. Das ist natürlich immer individuell, aber ich denke, dass die meisten eine gewisse Eingewöhnungszeit benötigen, bis sie voll funktionieren. Eben diese Zeit trägt meiner Meinung nach die ergiebigsten Früchte und sollte somit nicht zu kurz sein.*

Autor: Wohin hat Sie Ihr Weg nach dem Praktikum geführt?

Kevin: *Ich habe ein Studium begonnen, das nicht viel mit dem Praktikum zu tun hat.*

Autor: Wie stehen Sie zur Aussage, ein Praktikum gehört immer bezahlt?

Kevin: *Für den Praktikanten steht meist der Lernprozess im Vordergrund. Nichtsdestotrotz investiert er seine Zeit und nimmt an den Geschäftstätigkeiten teil bzw. übernimmt meist leichtere Aufgaben. Ich bin der Meinung, dass dies vergütet gehört. Wenn sich daraus jedoch ergibt, dass aufgrund finanzieller Belastung weniger Praktika angeboten werden, ist diese Frage nicht so leicht zu beantworten, da im Endeffekt das erworbene Wissen wertvoller als Geld sein sollte.*

Autor: Glauben Sie, dass Unternehmen genügend Praktikanten einstellen?

Kevin: Diese Frage kann ich nicht pauschal beantworten.

Autor: Ist der Praktikant eher eine „billige" Arbeitskraft oder ein Nachwuchsprojekt?

Kevin: Obwohl er definitiv letzteres sein sollte, ist er nach eigenem Empfinden öfter ersteres.

Autor: Viel wird über die Generation Praktikum gesprochen. Glauben Sie, dass ein Praktikum Vorteile für Studierende bringt?

Kevin: Wenn der Praktikant ein Nachwuchsprojekt für die Firma ist, glaube ich das unbedingt. Für Studierende ohne vorangehende Arbeitserfahrung ist allein das Anpassen an den Arbeitsalltag oftmals eine Herausforderung, mit der man zunächst umzugehen lernen muss.

Autor: Wenn an sich heute die Curricula von Studiengängen anschaut, hat man das Gefühl, das Praktikum gehört wie selbstverständlich dazu. Sehen Sie das auch so?

Kevin: Ich denke, das ist abhängig vom Studiengang. Für die Geisteswissenschaften z.B. trifft diese Aussage nicht zu, für wirtschaftliche Richtungen schon eher, was in meinen Augen auch Sinn macht.

Autor: Was halten Sie von der Aussage: Praktikum ja, aber bitte in einem Auslandsunternehmen!

Kevin: Praktika in Auslandsunternehmen können sicher sinnvoll sein, aber pauschal würde ich das nicht so sagen. Wenn im angestrebten Berufszweig internationales Arbeiten Bestandteil ist, sollte ein Praktikum in einer Firma des eigenen Landes ebenfalls Kenntnisse dafür vermitteln können.

Autor: Haben Sie während der Praktikantenzeit selbständig Tätigkeiten durchführen dürfen und waren Sie Teil des aktiven Teams?

Kevin: Ja und Nein.

Autor: Glauben Sie, dass von Seiten der Politik für Praktikanten mehr getan werden sollte?

Kevin: Definitiv.

Autor: Wie viele Praktika haben Sie gemacht?

Kevin: Zwei.

Autor: Was war der Beweggrund für mehrere Praktika?

Kevin: Die Entwicklung meiner Interessen im Laufe der Zeit.

Autor: Haben diese sich, abgesehen von einer anderen Tätigkeit, grundsätzlich unterschieden?

Kevin: Da es völlig unterschiedliche Berufe waren, ja.

Autor: Wie stehen Sie zur Aussage, das Praktikum kann ein Karrieresprungbrett sein!

Kevin: Aus meiner persönlichen Erfahrung heraus kann ich das nicht bestätigen, bin mir aber ziemlich sicher, dass die Aussage der Wahrheit entspricht. Die Einstellung von Mitarbeitern ist eine weitreichende Entscheidung für eine Firma. Wenn Sie aufgrund eines Praktikums bereits wissen, über welchen Menschen Sie entscheiden, kann das sicher ein enormer Vorteil sein.

Autor: Haben Sie die im Praktikum gelernten bzw. mitgeteilten Praktiken im späteren Leben einsetzen können?

Kevin: Ja.

Autor: Wie beurteilen Sie abschließend den Themenkomplex Praktikum?

Kevin: Ich beurteile Praktika im gesamten als extrem empfehlenswert. Es kommt immer auf die persönliche Situation an, welche Art von Praktikum einem weiterhelfen kann. Aber besonders für die Berufswahl gibt es wohl nicht viel was einem einen besseren Eindruck vermitteln kann, ob man in die Branche gehen möchte, als ein Praktikum in diesem Bereich.

Praktikant Stephen

Autor: Wenn Sie an den Bewerbungsprozess für ein Praktikum denken: was haben Sie hier im Nachhinein für Erfahrungen gemacht?

Stephen: *Oft zählt nicht das, was im Anforderungsprofil steht. Meiner Erfahrung nach wird im Anforderungsprofil vom potentiellen Bewerber eine lange Liste an Qualifikationen erwartet, die in der Regel später während des Praktikums gar nicht relevant sind. Meiner Erfahrung nach geht man diesen Weg, um erstens abzuschrecken — somit auch schon im Vorfeld auszufiltern — und zweitens, um die richtigen Personen einzufangen. Der Bewerbungsprozess selbst ist langwierig. Nach Absenden meiner Bewerbung gab es meistens eine Wartezeit von rund einem Monat. Wenn überhaupt eine Antwort kam, war es dann eine Einladung zu einem Interview. So dauerte der Prozess ab diesem Moment nochmal mindestens vier bis sechs Wochen, bis ich den Vertrag erhalten habe.*

Autor: Gibt es Lehren, die man daraus ableiten kann?

Stephen: *Die Lehre daraus, besonders im Hinblick auf Zeitmanagement: frühzeitig Gedanken machen, ab wann man gerne Praktikant sein möchte. Natürlich gibt es auch Stellen, die kurzfristig besetzt werden. Aber in der Regel plant doch jede Abteilung seine*

Praktikanteneinstellungen mindestens sechs bis neun Monate im Voraus. Des Weiteren finde ich eine gewisse Flexibilität in der Tätigkeit sehr wichtig. Wer sich zu sehr auf die Stellenbeschreibung im Detail konzentriert, ist meistens später im Praktikum sehr enttäuscht. Viele Ausschreibungen verfahren nach dem einfachen „Copy-paste"-Prinzip und haben oft mit der eigentlichen Tätigkeit nichts zu tun. Wer hier im Vorfeld flexibel eingestellt ist bzw. damit rechnet, fährt während des Praktikums meiner Meinung nach besser.

Autor: Welche Eindrücke hatten Sie bei den Bewerbungsgesprächen?

Stephen: Ganz unterschiedliche. Einmal ging es wirklich in die praktische Richtung und ich wurde nach Vorgehensweisen, wie man sie in der Praxis anwendet, gefragt. Ein anderes Mal war das theoretische Wissen, das man aus Uni/FH kennen sollte, sehr wichtig. Generell kann ich aber sicher sagen, dass man sich über die Dinge, die man in seinen Lebenslauf als auch ins Motivationsschreiben schreibt, stets zu 100 Prozent im Klaren sein sollte. Denn die Fragen hierzu kommen ganz sicher.

Autor: Der erste Tag im Praktikum ist für viele ein entscheidender Tag. Können Sie über Ihren erste Tag ein bisschen was berichten?

Stephen: Der erste Eindruck zählt – offen für Neues und flexibel sein. Oft klappt am ersten Tag noch nichts richtig, weder der

Ausweis noch die IT stehen bereit. Und so ist man oft damit beschäftigt, Unterlagen zu lesen oder den Kollegen über die Schultern zu schauen. Hier gilt: Einfach offen sein, Interesse zeigen und einen sympathischen ersten Eindruck hinterlassen.

Autor: Wie würden Sie das Praktikum hinsichtlich dessen Wirkung auf Ihre spätere Tätigkeit bzw. Ihre späteren Entscheidungsprozesse beurteilen?

Stephen: Sehr wichtig. Erst durch Praktika war es mir im Endeffekt möglich, die für mich wichtige Entscheidung zu treffen, wohin der Weg nach dem Studium gehen soll – und wohin nicht. Man nimmt während des Praktikums viele Eindrücke wie Arbeitsweisen, Kollegen, Vorgesetzte und generell das ganze Themenumfeld mit. Ich denke, gerade das hilft bei der Entscheidungsfindung wohin man möchte sehr weiter.

Autor: Wenn Sie an die Schlussphase Ihres Praktikums denken: wie haben Sie diese gemeistert?

Stephen: Sehr unterschiedlich. In Praktika, in denen es mir sehr gut gefallen hat, wollte man natürlich stets „Vollgas" geben und alle Projekte, Aufgaben etc. bis zum Ende einwandfrei erledigt haben. Man verstand sich mit den Kollegen und Vorgesetzten gut und fühlte sich als vollständiges Teammitglied. In Praktika, in denen man nicht glücklich war, begann für mich meistens ab der

Hälfte der Praktikumsdauer schon die Zeit des Wartens, bis die sechs Monate endlich vorbei waren.

Autor: Stehen Sie mit den ehemaligen Kollegen heute noch in Kontakt?

Stephen: Teilweise ja und teilweise hat man sich auch aus den Augen verloren. Als Businesskontakte jedoch sind viele Personen heute noch in meinem Adressbuch, die man auch jederzeit kontaktieren könnte.

Autor: Wenn Sie wieder vor der Wahl eines Praktikum stehen würden, was würden Sie anders machen?

Stephen: Im Prinzip alles. Das liegt aber primär daran, dass ich heute nur so darüber denken kann, weil ich in der Vergangenheit diese Praktika gemacht habe, um heute sagen zu können, was gut und was schlecht war. Auf jeden Fall würde ich heute meine Praktika viel gezielter aussuchen, ggf. nur Auslandspraktika.

Autor: Wohin hat Sie Ihr Weg nach dem Praktikum geführt?

Stephen: Letzten Endes waren meine Praktika der ausschlaggebende Grund, weshalb ich mich für ein Master-Programm entscheiden konnte. Ich hatte in zwei Praktika und einer Werkstudententätigkeit so viele verschiedene Dinge gelernt und erlebt, dass mir das bei der Entscheidung für mein Masterstudium sehr geholfen hat – letzten Endes natürlich auch bei der Berufsentscheidung.

Autor: Wie stehen Sie zur Aussage, ein Praktikum gehört immer bezahlt?

Stephen: *Natürlich! Ganz klares Ja. Meiner Meinung nach ist jeder Mensch zu einem gewissen Teil extrinsisch und zu einem gewissen Grad intrinsisch motiviert. Bei mir ist die extrinsische Motivation mindestens 60%. Meine Motivation kommt durch die Bezahlung – Prestigeeffekte nicht berücksichtigt. Und für umsonst will schließlich auch keiner arbeiten. Miete und Lebenshaltungskosten hat jeder zu bezahlen. Es muss nicht das Gehalt sein, das U.S.-Technologieunternehmen wie Apple, Microsoft oder Dropbox – etwa 5.000 USD pro Monat – entrichten, aber ich denke ein Gehalt, wie das vor der Einführung des Mindestlohnes (zwischen 600 und 900 EUR pro Monat) sollte auf jeden Fall möglich sein. Schließlich bekommt das Unternehmen einen hoch motivierten, jungen, lernwilligen Mitarbeiter zu einem ,,unschlagbar`` niedrigen Preis.*

Autor: Glauben Sie, dass Unternehmen genügend Praktikanten einstellen?

Stephen: *Ich denke, das ist primär von der wirtschaftlichen Situation als auch der Branche des Unternehmens abhängig. In ,,guten Zeiten`` gibt es deutlich mehr Projekte oder Investitionen in Unternehmen, für die man zur Unterstützung gerne Praktikanten einstellt.*

Autor: Ist der Praktikant eher eine „billige" Arbeitskraft oder ein Nachwuchsprojekt?

Stephen: Meiner Meinung nach sollte es eine langfristige Investition für das Unternehmen sein – gelebt wird jedoch beides. Viele Personalleiter vergessen dabei meiner Meinung nach, dass man mit einem Praktikanten eigentlich einen „Lehrauftrag" eingeht, anstatt eine billige Arbeitskraft zu haben.

Autor: Wenn man sich heute die Curricula von Studiengängen anschaut, hat man das Gefühl, das Praktikum gehört wie selbstverständlich dazu. Sehen Sie das auch so?

Stephen: Definitiv! In meiner Abteilung würde ich keine einzige Person einstellen, die nicht mindestens zweimal sechs Monate Berufserfahrung während eines Praktikums gesammelt hat. Was in Universitäten gelehrt wird, ist alles schön und gut – jedoch wie es im Unternehmen später abläuft, ist etwas völlig anderes. Besonders Dinge wie Sozialkompetenz, Teamfähigkeit, effiziente und ergebnisorientierte Arbeitsweise, der Umgang mit Kunden und Vorgesetzten – dies alles behauptet zwar jeder Student bereits während seines Studiums gelernt zu haben – aber sind wir mal ehrlich – so etwas lernt man erst, wenn man einmal wirklich arbeitet.

Autor: Was halten Sie von der Aussage: Praktikum ja, aber bitte in einem Auslandsunternehmen!

Stephen: Finde ich gut. Sollte jedoch erst nach einem Praktikum, das man im Inland gemacht hat, stattfinden. Das erste Praktikum im Inland, um das Unternehmen als auch die eigene Business Culture bzw. Corporate Culture zu verstehen. Und dann gerne das zweite Praktikum im Ausland für „Cultural Communication".

Autor: Haben Sie während der Praktikantenzeit selbständig Tätigkeiten durchführen dürfen und waren Sie Teil des aktiven Teams?

Stephen: Ja und nein. Teilweise wurde mir in einem Praktikum sehr viel Verantwortung übertragen und ich konnte sehr selbstständig arbeiten — ist auch immer eine Frage wie gut man betreut wird. Wenn es Mitarbeiter bzw. Betreuer gibt, die sich für einen Zeit nehmen zu Beginn des Praktikums und einem vieles zeigen, lässt es sich später sehr selbstständig arbeiten. Passiert jedoch das Gegenteil, ist und bleibt man immer abhängig und man fühlt sich auch zunehmend als Hilfsarbeiter für minderwertige Aufgaben.

Autor: Glauben Sie, dass von Seiten der Politik für Praktikanten mehr getan werden sollte?

Stephen: Der Mindestlohn sollte abgeschafft werden! Diese politische Entscheidung hat meiner Meinung nach viele Praktikantenstellen abgeschafft. Wer ein unbezahltes Praktikum macht bzw.

eines, das „schlecht" vergütet wird, trifft ja aktiv bei seiner Bewerbung diese Entscheidung. Die Politik sollte sich hier raushalten. Nun haben wir gefühlt die Situation, dass Angebot und Nachfrage nicht mehr passen, d.h. es haben weniger Personen die Chance auf ein Praktikum, weil schlichtweg das Angebot gesunken ist. Gleichzeitig sind die Anforderungen der Unternehmen gestiegen – es gibt eine zu große Auswahl an Bewerbern.

Autor: Wie viele Praktika haben Sie gemacht?

Stephen: Zwei Praktika (eines im Inland, eines im Ausland) sowie eine Werkstudententätigkeit. Stets sechs Monate.

Autor: Was war der Beweggrund für mehrere Praktika?

Stephen: Erfahrung sammeln, Orientierungshilfe für späteren Job, Geld verdienen und natürlich den eigenen Lebenslauf erweitern, praktischen Bezug zu Inhalten, die man während des Studiums lernt, Netzwerk aufbauen bzw. erweitern, Abwechslung zum Hochschulalltag.

Autor: Haben diese sich, abgesehen von einer anderen Tätigkeit, grundsätzlich unterschieden?

Stephen: Sie waren vom Funktionsbereich (Controlling) sehr ähnlich, jedoch mit anderen Ausprägungen.

Autor: Wie stehen Sie zur Aussage, das Praktikum kann ein Karrieresprungbrett sein!

Stephen: Definitv! Dafür kenne ich zu viele Personen, die durch das Praktikum den Einstieg ins Unternehmen geschafft haben.

Autor: Haben Sie, die im Praktikum gelernten bzw. mitgeteilten Praktiken im späteren Leben einsetzen können?

Stephen: Zumindest alle Soft-Skills. Umgang mit Vorgesetzten, Kollegen, das Miteinander.

Autor: Wie beurteilen Sie abschließend den Themenkomplex Praktikum?

Stephen: Meiner Meinung nach zwingend notwendig. Studierende sollten viel mehr Praktika oder Werkstudenten Tätigkeiten machen – für den späteren Werdegang deutlich wichtiger als „gute Noten" in der Uni.

Praktikant Yannick

Autor: Der Weg in ein Praktikum ist für viele steinig. Können Sie bitte kurz Ihre Erfahrungen schildern, welche Sie in dieser Hinsicht gemacht haben?

Yannick: Praktika an sich sind gerade für mich als Studenten eine spannende und wichtige Erfahrung, um Praxiserfahrung zu sammeln. Leider ist es nicht so einfach, ein Praktikum zu bekommen. Die Stellen sind begrenzt und die Stellenausschreibungen hören sich zum Teil an, als würden Experten gesucht werden. Nahezu jede Stelle für einen Praktikanten wird mit einem Hinweis versehen, man solle schon vorher etliche Praktika in diesem Bereich absolviert sowie die entsprechenden Vorkenntnisse möglichst auf fortgeschrittenem Niveau haben. Exzellente Noten werden ebenfalls als selbstverständlich angesehen. Solche Stellenanzeigen schrecken natürlich viele, gerade sehr junge Leute ab, die sicherlich gerne einmal ins Unternehmen reinschnuppern würden. Leider sind Unternehmen auch zeitlich meist sehr unflexibel, ein Praktikum „zwischendurch" in den Semesterferien ist kaum möglich, sogar dreimonatige Praktika werden ungern angeboten – selbst wenn in der Stellenanzeige ausdrücklich ein Zeitraum von z.B. drei bis sechs Monaten genannt wird. Generell scheint es, als würden Unternehmen möglichst gut ausgebildete, vergleichsweise günstige Arbeitskräfte suchen, anstatt ein inhaltlich gut aufgebautes Praktikum zu bieten. Dem entgegen halten muss man jedoch, dass viele Unternehmen, ist man einmal Teil des Teams, auch Festanstellungen nach dem Abschluss anbieten und in dem Fall somit schon bei den Praktika eine gewisse Vorauswahl treffen wollen.

Autor: Wenn Sie an den Bewerbungsprozess denken: was haben Sie hier im Nachhinein für Erfahrungen gemacht?

Yannick: Der Bewerbungsprozess ist von Unternehmen zu Unternehmen unterschiedlich. Gerade bei sehr großen Unternehmen läuft das natürlich im Online-Portal ab. Manchmal kommt noch ein Assessment-Center hinzu. Für ein „einfaches" Praktikum sind solche Prozesse natürlich sehr aufwändig. Positive Erfahrungen habe ich mit Unternehmen gemacht, die möglichst vielen Bewerbern die Chance auf ein Gespräch bieten, sei es telefonisch oder vor Ort. Überhaupt sind telefonische Rückmeldungen oder persönlich geschriebene Mails durchaus positive Erfahrungen. Das gibt dem Bewerber den Eindruck, das Unternehmen ist wirklich an einer Kommunikation interessiert. Selbst bei Absagen habe ich bereits nette Telefonate geführt mit Vorschlägen — anderer Zeitraum, andere Abteilung etc. — seitens des Unternehmens. Die schlechtesten Erfahrungen sind immer elektronische „Standardmails" ohne weitere Erklärung der Absagen. Weitere Erfahrungen sind, dass die Zeit, bis das Unternehmen auf eine Bewerbung reagiert, von einem Tag bis zu einem Monat reicht. Da muss man hoffen, dass man das richtige Unternehmen erwischt hat.

Autor: Gibt es Lehren, die man daraus ableiten kann?

Yannick: Daraus ableiten lässt sich eigentlich nur, dass man seine Bewerbungsunterlagen immer aktuell hält und schon vor der Bewerbung mit einem großen Aufwand rechnet. Dann ist die eigentliche Bewerbung halb so schlimm. Fakt ist aber auch, dass man sich bereits im Bewerbungsprozess ein sehr gutes Bild vom potenziellen Arbeitgeber machen kann. Meiner Erfahrung nach sind die Unternehmen, die persönlich absagen, um einen anderen Zeitraum bitten oder zumindest ein kurzes Telefongespräch anbieten, viel attraktiver als die Unternehmen, die einem den Eindruck vermitteln, man sei nur eine Nummer von Tausenden.

Autor: Welche Eindrücke hatten Sie bei den Bewerbungsgesprächen?

Yannick: Die besten Bewerbungsgespräche sind die, bei denen eine vergleichsweise lockere Atmosphäre herrscht, bei denen man als Bewerber über die eigene Person, Erfahrungen, Stärken, Schwächen und das potenzielle Einsatzgebiet spricht. Wenn der Gesprächspartner ein wenig Hintergrundwissen/Fachwissen abfragt ist das auch ok. Sehr negativ sind Gespräche, bei denen nur nach den fachlichen Fähigkeiten gefragt wird und dies 90 Prozent des Gesprächs ausmacht. Verständlich ist dies bei fachfremden Bewerbungen – z.B. ein Biologe bewirbt sich bei einer Unternehmensberatung – und bei Stellen für „Professionals", die ihr Studium bereits abgeschlossen haben. Wieso ein Praktikant, der sich erstmal einen Eindruck vom Unternehmen, dem Bereich und dem Geschäftsleben machen will, bereits solche Kenntnisse vorweisen soll, ist mir zum Teil schleierhaft, und meiner Meinung nach verpasst ein Arbeitgeber dadurch auch die Möglichkeit, einen wissbegierigen, jungen Menschen zu rekrutieren, der vielleicht nach ein bis zwei Monaten optimal in das Team passen würde. Zudem sind die meisten Bewerber auf ein Praktikum durch ihre Abiturzeugnisse, Arbeitszeugnisse, Ausbildungszeugnisse, Zertifikate und Studiennoten fachlich doch bereits qualifiziert und haben dies auch nachgewiesen — durch Ablegung der Prüfungen etc. Letztendlich lassen meiner Meinung nach viele Unternehmen im Bewerbungsgespräch die soziale, kommunikative Komponente zu sehr fallen und verpassen somit geeignete Kandidaten.

Autor: Gibt es hier eine Empfehlung, welche Sie aussprechen möchten?

Yannick: Sind hier konkrete Arbeitgeber gemeint? Wenn ja: Zu empfehlen sind hier meinen Erfahrungen nach die EnBW AG und die EvoBus GmbH (Daimler), auch die UniCredit Bank AG (Hypo-Vereinsbank).

Autor: Der erste Tag im Praktikum ist für viele ein entscheidender Tag. Können Sie über Ihren ersten Tag ein bisschen was berichten?

Yannick: Der erste Tag ist immer sehr aufregend und spannend, da einem alles so neu vorkommt. Fachlich wird hier wenig gefragt, jedoch lernt man viele Kollegen kennen. Gerade die Namen der Kollegen im eigenen Team und der Chefs sollte man sich möglichst schnell einprägen.

Sofern man einen eigenen, festen Arbeitsplatz hat, hat man natürlich gleich ordentlich zu tun und muss alles einrichten. Wenn der erste Tag vorbei ist, hat man das erste Mal das Gefühl, richtig zum Unternehmen dazuzugehören, da man normalerweise seine Zugangskarte bekommt und mit dieser das Gebäude das erste Mal verlässt.

Autor: Wie würden Sie das Praktikum hinsichtlich dessen Wirkung auf Ihre spätere Tätigkeit bzw. Ihre späteren Entscheidungsprozesse beurteilen?

Yannick: Aufgrund meines derzeitigen Status als Student kann ich hier nur antizipieren. Für mich — auch durch Erfahrungen in meinem Umfeld — ist das Praktikum zunächst einmal die optimale und beste Möglichkeit, seine Berufswünsche zu überprüfen. Stimmen die im Studium gemachten Vorstellungen mit dem Berufsalltag überein oder nicht? In welchem Bereich will man sich verbessern, verändern? Daher hat das Praktikum wohl die größte Wirkung auf die spätere Tätigkeit, gerade weil der Arbeitgeber seinen Praktikanten nach dem Abschluss zum Teil viele Möglichkeiten zur Festanstellung oder anderer Programme anbietet, falls das Praktikum zufriedenstellend verlief und der Praktikant in dem Bereich bleiben will.

Wenn man mehrere Praktika absolviert hat, steht einem natürlich die Tür zu den verschiedenen Arbeitgebern oft sehr weit offen und man hat es später einfach zurückzukehren, falls man denn möchte.

Autor: Haben Sie Tipps, die neue Praktikanten auf jeden Fall beachten sollten?

Yannick: *Fragen stellen, Fragen stellen, Fragen stellen... Und Initiative zeigen. Wenn man das Unternehmen verlässt und niemand kennt einen, hat man etwas falsch gemacht.*

Autor: Wenn Sie an die Schlussphase Ihres Praktikums denken: wie haben Sie diese gemeistert?

Yannick: *Genauso wie den ersten Teil des Praktikums.*

Autor: Stehen Sie mit den ehemaligen Kollegen heute noch in Kontakt?

Yannick: *Zum Teil. Durch meine Berufsausbildung habe ich zu manchen Kollegen noch Kontakt und wir tauschen uns regelmäßig aus. Als Praktikant in einem anderen Unternehmen habe ich heute eher mit anderen Praktikanten als mit Kollegen zu tun.*

Autor: Wenn Sie wieder vor der Wahl eines Praktikum stehen würden, was würden Sie anders machen?

Yannick: Versuchen, mehr Kontakte zu anderen Abteilungen zu knüpfen. Gerade durch die Mithilfe der Personalabteilung — insbesondere der Studentenbetreuung dort — ist dies oft möglich. Somit kann man sich auch später im Unternehmen an bestimmte Leute wenden. Die meisten Unternehmen sind ja breit aufgestellt und bieten viele Karriereeinstiege.

Autor: Wohin hat Sie Ihr Weg nach dem Praktikum geführt?

Yannick: Ich kam vom Studium und kehrte zurück zum Studium.

Autor: Wie stehen Sie zur Aussage: ein Praktikum gehört immer bezahlt?

Yannick: Ich kann diese Aussage in den meisten Fällen bestätigen bzw. ihr zustimmen. In der ersten Frage habe ich zum Teil schon die Gründe erläutert. Unternehmen stellen Praktikanten für meist fünf bis sechs Monate ein und verlangen einiges von ihnen. Der ungeheure Aufwand der Bewerbung, der in einigen Fällen schon dem Prozess eines „Professionals" ähnelt, sowie die Anforderungen, die gestellt werden, sollten durchaus vergütet werden. Da man nicht nur lernt, sondern auch unterstützt und arbeitet, ist ein Praktikum auch entsprechend zu vergüten. Nicht zuletzt wechseln Praktikanten für das Unternehmen den Wohnort, ziehen um, haben höhere Ausgaben, da ein Arbeitsleben mit 40 bis 45 Stunden die Woche einfach finanziell anders strukturiert ist als ein Studentenleben. Bei Praktika, die nur zum Reinschnuppern dienen und maximal 8 Wochen dauern, ist eine Bezahlung meiner Meinung nach nicht notwendig, da hier vom Praktikanten wirklich nur „aufgesaugt" wird und er betreut werden muss.

Autor: Glauben Sie, dass Unternehmen genügend Praktikanten einstellen?

Yannick: Das glaube ich durchaus. Allerdings sind die Praktika zu sehr auf bestimmte Unternehmensbereiche konzentriert und zeitlich nicht flexibel genug. Dadurch bleiben viele Studenten auf der Strecke, die gerne etwas machen würden. An sich sind jedoch viele Stellen für Praktikanten verfügbar, vielleicht sogar zu viele und dafür zu wenige feste Stellen. Denn man hört ja auch, dass sich viele von Praktikum zu Praktikum hangeln, ohne jemals die Chance auf Festanstellungen zu erhalten.

Autor: Ist der Praktikant eher eine „billige" Arbeitskraft oder ein Nachwuchsprojekt?

Yannick: Dies kommt auf das Unternehmen an und lässt sich nicht verallgemeinern. In bestimmten Branchen lässt sich dies sicherlich bestätigen. Bietet das Unternehmen Weiterbildung und bestimmte Programme für Praktikanten, mit denen man nach dem Studium einsteigen kann, dann ist das sicherlich in Ordnung. Allerdings sollten auch irgendwann konkrete Pläne bzw. Angebote kommen. Viele Unternehmen (insbesondere die Bankenbranche) lassen Absolventen selbst mit Masterabschluss und diversen Praktika erstmals noch zwei Jahre durch Trainee-Programme laufen, da richtige Festanstellungen erst mit mehrjähriger Berufserfahrung möglich sind. Da fragt man sich dann schon, wo das alles hinführen soll.

Autor: Viel wird über die Generation Praktikum gesprochen. Glauben Sie, dass ein Praktikum Vorteile für Studierende bringt?

Yannick: Ein Praktikum bietet nur Vorteile und eigentlich keine Nachteile. Mir ist kein Fall bekannt, in dem ein Praktikum jemandem geschadet hat, von daher: je mehr Praktika, desto besser. Allerdings sollte man nicht unendlich viel Zeit damit verbringen, irgendwann sollte man sich auch mal um eine feste Stelle bemühen, gerade wenn man bereits sämtliche Uni-Abschlüsse erledigt hat.

Autor: Wenn man sich heute die Curricula von Studiengängen anschaut, hat man das Gefühl, das Praktikum gehört wie selbstverständlich dazu. Sehen Sie das auch so?

Yannick: Auf jeden Fall. Das kann man sowohl positiv als auch ein wenig negativ sehen. Für den Studenten sind Praktika eine gute Erfahrung und sie bieten hervorragende Karrierechancen. Allerdings sind viele Unternehmen ohne vorherige Praxiserfahrung gar nicht interessiert und lehnen Bewerbungen ab. Daher ist gerade der Start ins erste oder zweite Praktikum sehr schwierig, bzw. wenn man neue Bereiche entdecken will. Ein Praktikum ohne

Studium oder Erfahrungen in diesem Bereich ist nahezu unmöglich. Also „einfach mal schauen was die Leute dort machen" ist bei Praktika nicht drin.

Autor: Was halten Sie von der Aussage: Praktikum ja, aber bitte in einem Auslandsunternehmen!

Yannick: Bezogen auf unser Heimatland Deutschland ist das sehr überzogen, da doch der Wirtschaftsstandort Deutschland unglaublich viele Möglichkeiten bietet. Praktika im Ausland sind meist noch schwerer zu bekommen als hier. Oft werden nur für „Graduates", also Masterstudenten Praktika angeboten, die schon in den letzten Zügen ihres Studiums stehen und bald in den Beruf einsteigen wollen.

Natürlich ist Auslandserfahrung sehr sinnvoll, jedoch kann man auch erst mal für ein Semester im Ausland studieren und sich in Deutschland um ein Praktikum bemühen. Viele Unternehmen bieten ihren Praktikanten dann automatisch spezielle Programme an, mit denen man Auslandserfahrung an Zweigstellen des Unternehmens sammeln kann.

Zusammenfassend sind Auslandspraktika also empfehlenswert, aber es muss nicht um jeden Preis sein.

Autor: Haben Sie während der Praktikantenzeit selbständig Tätigkeiten durchführen dürfen und waren Sie Teil des aktiven Teams?

Yannick: Ja. Innerhalb eines Projektes wurde ich mit einer Aufgabe betraut und habe diese über mehrere Wochen und Monate eigenständig ausgeführt. Erst am Ende meines Praktikums wurden in einer abschließenden Runde die Ergebnisse ausgewertet.

Autor: Glauben Sie, dass von Seiten der Politik für Praktikanten mehr getan werden sollte?

Yannick: Die Politik möchte ich da gar nicht mit hineinziehen, im Prinzip kann die Politik an allen Stellen noch Dinge verbessern und angehen. Im Großen und Ganzen sehe ich die Aufgabe, die jungen Leute auf dem praktischen Weg auszubilden, in der freien Wirtschaft angesiedelt. Und da haben wir in Deutschland, verglichen mit anderen Ländern in Europa, die besten Möglichkeiten und Chancen, auch wenn sie, wie bereits ausführlich diskutiert, nicht optimal sind. Die Politik kann dort allerdings nicht ansetzen und sollte sich eher in einem größeren Rahmen mit dem Thema Bildung und Arbeit beschäftigen und die Regelungen in dieser Richtung optimieren - z.B. mehr Festanstellungen, weniger Zeitarbeit, zentralisiertes Abitur usw.

Autor: Wie viele Praktika haben Sie gemacht?

Yannick: Ich war bisher in zwei Unternehmen über längere Zeit tätig, zählt man kurze Schülerpraktika hinzu, so sind es insgesamt fünf.

Autor: Was war der Beweggrund für mehrere Praktika?

Yannick: Erfahrungen in verschiedenen Bereichen sammeln, weiterbilden. Oft ist es auch einfach Zufall, was gerade angeboten wird und was sich ergibt. Wenn ich die Chance bekommen habe, in einem Unternehmen für mehrere Monate tätig zu sein, dann habe ich sie genutzt, denn Praxiserfahrung schadet nie, selbst wenn es nicht der primär gewünschte Bereich ist.

Autor: Haben diese sich, abgesehen von einer anderen Tätigkeit, grundsätzlich unterschieden?

Yannick: Ja. Sowohl die Größe des Unternehmens als auch der Zeitraum waren verschieden. Während Unternehmen eins ein eher mittelständisches und regionales Unternehmen ist, ist Unternehmen zwei national und international aufgestellt und hat ca. 90mal mehr Mitarbeiter. Das Arbeiten, die Kollegen und die Mentalität sind daher komplett verschieden gewesen. Diese Gegensätze sind eine interessante und wichtige Erfahrung und haben mir die Möglichkeit gegeben, die Vorteile der jeweiligen Branche und Unternehmensform besser einschätzen zu können.

Autor: Wie stehen Sie zur Aussage: das Praktikum kann ein Karrieresprungbrett sein!

Yannick: Dies trifft in vollem Umfang zu. Die Netzwerke, Kollegen, Erfahrungen und Aufgaben nimmt einem niemand mehr weg.

Praktika bieten hervorragende Karrierechancen, insbesondere wenn das Unternehmen die Praktikanten schon in Richtung Zukunft auswählt und Wege für nach dem Abschluss bietet.

Autor: Haben Sie die im Praktikum gelernten bzw. mitgeteilten Praktiken im späteren Leben einsetzen können?

Yannick: Da die Praktika noch nicht so lange her sind und mein späteres Leben daraus besteht, noch immer zu studieren, ist das schwer zu beurteilen. Jedoch habe ich durchaus einige Dinge gelernt und anwenden können. Auch sind die Erfahrungen wichtig, indem sie mir den Weg gezeigt haben, den ich im fachlichen Bereich gehen möchte.

Autor: Wie beurteilen Sie abschließend den Themenkomplex Praktikum?

Yannick: Praktika lassen sich aus dem Leben eines Studenten kaum mehr wegdenken. Wer später in der freien Wirtschaft Fuß fassen will, kommt um ein Praktikum nicht herum. Denn Praktika bieten nicht nur berufliche Orientierung und Weiterbildung sondern auch hervorragende Netzwerke und Erfahrung. Allerdings darf man nicht Gefahr laufen, zu viele und zu lange Zeit von Praktikum zu Praktikum zu springen. Irgendwann muss der Sprung in eine Festanstellung erfolgen. Allerdings sind Praktika in der freien Wirtschaft auch ein sehr „elitärer Kreis". Die Bewerbungsprozesse sind umfangreich und hart, die Zeiträume sehr unflexibel und mit durchschnittlichen Studienleistungen wird es schwer. Auch sollte eine gewisse fachliche Orientierung am gewünschten Praktikum vorhanden sein. Praktika zum „Reinschnuppern" in eine bestimmte Branche sind ohne Vorkenntnisse kaum möglich. Nichtdestotrotz ist die Möglichkeit ein Praktikum zu absolvieren gegeben und gerade in Deutschland sind die Bedingungen hervorragend. Ich empfehle jedem jungen Menschen die Möglichkeit zu ergreifen um die Karriere voranzutreiben.

Epilog

So, jetzt ist es aber wirklich vorbei, das Praktikum, und das Buch dazu! Ich habe versucht, in den vergangenen Kapiteln darzustellen, wie man einen Alltag im Praktikum erleben und vor allem bestreiten kann. Natürlich muss jeder seinen eigenen Weg und seinen eigenen Stil finden. Dennoch bin ich mir sicher, dass das ein oder andere Thema für Sie von Interesse sein wird und hilfreich sein kann.

Meine Praktikanten haben mir in den vergangenen Jahren oft einen alternativen Weg gezeigt. Diese Erkenntnis ist es, welche mich sicher macht, dass der Transfer von Wissen nicht einseitig wie auf einer Einbahnstraße funktioniert, sondern mehrgleisig aufgebaut ist.

Das Verändern der Sichtweise und das Aufmischen alter und festgefahrener Ideen und Situationen durch neue und junge Köpfe ist ein immanent wichtiger Faktor zum Erfolg. Diesen wünsche ich Ihnen im Praktikum und darüber hinaus. Denken Sie immer daran, Sie können nichts verlieren, sondern nur gewinnen. Werfen Sie das Netz ins Meer! Nur dann können Sie einen Fang machen. Es ist Ihre Zukunft und diese beginnt genau jetzt.

Literaturtipps

Allhoff, Dieter-W.; Allhoff, Waltraud: Rhetorik & Kommunikation, Verlag Reinhardt.

Bastian, Johannes; Combe, Arno; Langer, Roman: Feedback-Methoden, Beltz.

Blanchard, Kenneth; Zigarmi, Patricia; Zigarmi, Drea: Führungsstile, rororo.

Beinke, Lothar: Das Betriebspraktikum, Verlag Julius Klinkhardt.

Beinke, Lothar u.a.: Bedeutsamkeit der Betriebspraktika für die Berufsentscheidung, Verlag K.H. Bock.

Bensch, Werner: Duzen, Siezen, Titulieren: Zur Anrede im Deutschen heute und gestern, Vandenhoeck & Ruprecht.

Dürrenmatt, Friedrich: Die Physiker, Diogenes.

Glaubitz, Uta: Generation Praktikum, Heyne.

Hagmann, Jasmin; Hagmann, Christoph: Assessment Center, Haufe.

Hossiep, Rüdiger; Bittner, Jennifer Esther; Berndt, Wolfram: Mitarbeitergespräche, Hogrefe.

Kleinmann, Martin: Assessment-Center. Reihe Praxis der Personalpsychologie, Hogrefe.

Kuhn, Stefan: Das Lerntagebuch als Selbstführungsinstrument, Universität St. Gallen.

Ratzinger, Joseph: Salz der Erde, Heyne.

Templar, Richard: Die Regeln des Managements, Börsenmedien Verlag.

Voss, Rödiger: Studi-Coach, UVK Lucius – UTB.

Internetquellen

Arbeitszeugnis

http.//www.arbeitszeugnisgenerator.de

Stangl-Taller

http://www.stangl-taller.at

Hochschuldidaktischer Workshop

http://www.hochschuldidaktik.unifreiburg.de/koll_hospi/checklisten/feedback

http://www.uni-goettingen.de/hochschuldidaktik

Stichwortverzeichnis